[英] 艾瑞卡・塞维利亚 著
Erica Seville
钱峰 译

弹性组织

RESILIENT ORGANIZATIONS

How to survive, thrive and create opportunities through crisis and change

人民东方出版传媒
People's Oriental Publishing & Media
東方出版社
The Oriental Press

目　录

CONTENTS

致谢

本书是弹性组织研究团队的 10 年研究成果。团队成员非常棒，和他们合作我很开心——他们充满激情、好奇心与上进心，善于合作，才华横溢——感谢团队！

想了解弹性组织的更多内容，请登录网址：www.resorgs.org.nz

第 1 章　弹性案例

瑞士航空公司曾经是全球声望最佳的航空公司之一。该公司以航班准时、优质服务著称，财力相当雄厚，曾经被戏称为“会飞的银行”。

然而，如今一切都变了。

2001 年 9 月 11 日的恐怖袭击爆发后不久，全球瑞士航空公司的飞机突然都停飞了。4 万名乘客遭到滞留，上千名员工失业。公司没有足够的现金支付燃油和着陆费用，钱花光了。

是什么导致这样一个曾经非常成功、稳定的组织遭遇这一重大崩溃的？9 月 11 日爆发的恐怖袭击给航空工业造成了前所未有的破坏——虽然很可能是这一事件触发瑞士航空公司崩溃，但它显然不是主要原因。

早在 20 世纪 90 年代瑞士航空公司就问题频出。当时，该公司董事会决定实施积极的借贷收购政策，称为“猎人战略”。由于公司规模处于中等水平，因此既不能引领市场，又找不到合适的市场定位。公司位于瑞士，运营成本相当高。由于瑞士不属于欧盟国家，因此不允许瑞士航空公司随意将航线延伸至欧洲。于是，公司便开始寻找新的解决办法。一开始，它选择加入全球联盟，几年后又决定尝试另一种策略——购买其他几家欧洲航空公司的股份。

瑞士航空公司开始举债经营，它购买股份的几家航空公司发展并不好。因此，该公司能否生存悬而未决。紧接着，“9·11”恐怖袭击爆发了，其破坏影响波及航空业。瑞士航空公司在仅仅 10 天内就损失了 6500 万瑞郎（约合 4100 万美元）。公司无法承受这一沉重打击——“会飞的银行”资金全部耗光了。仅仅用了 10 年时间，瑞士航空公司就从民族的骄傲迅速堕落到臭名昭著，成为最惊人的企业破产案例之一。这是因为运气差，或者管理不善吗？瑞士航空公司在努力应对系列问题时，降低了其处理突发事件的能力，没能保持弹性这一战略资产。

谈到弹性，人们往往会想到危急时刻。但是，弹性源自深层组织历史。多年来，瑞士航空公司形成的管理文化与风格有效预防了分歧讨论。一名离职员工提到，只要和团队保持一致意见，就不会有任何问题。但是要想针对主流想法提出不同意见几乎不可能。

效率低、不理想的团队决策给瑞士航空公司带来了负面影响，并最终影响了其弹性。就该公司而言，或许是“9·11”恐怖袭击造成的破坏将其推向了破产深渊，但事实上它在前 10 年间形成的文化才是罪魁祸首。

过去 10 多年间，我和约翰·瓦戈以及 35 名优秀研究人员共同领导弹性组织。该组织位于新西兰，是一家公益研究机构。我们主要想搞清楚促进或妨碍组织弹性的因素。12 年来，我们研究调查了各种规模的组织情况。研究表明，无论是大型的跨国组织，还是小企业、政府机构、慈善机构、运动俱乐部或者合资企业，组织弹性原则都一样。

研究团队成员越来越兴奋，因为我们在逐渐解开谜团，开始了解到为什么一些组织能够在逆境中蓬勃发展，而另一些则会退却，甚至失败。我们还发现了一系列重要指标，它们可以诊断组织在面对未来危机时弹性如何。此外，我们还开发了衡量并监控某一时期内组织弹性水平的工具。

要想全面搞清楚促进组织弹性的因素还需要很长时间。好消息是，我们现在认识到，任何组织，只要希望提升弹性，就一定能做到。我会在本书中向读者说明近期研究成果有关组织弹性的论述，并将其转化为组织从现在起即可实践、可操作的切实建议。

应对未来

所有组织都会经历自然的商业周期。可以肯定的是，所有组织在生命周期某一阶段都可能遇到破坏性危机。无论是自然灾害、信誉危机、供应链问题，还是影响到人员的问题，组织危机发生的频率往往要比想象的高。

20 世纪 90 年代末，牛津 Metrica 咨询公司的黛博拉·普雷蒂开始研究大型企业遭遇危机的频率。她通过对全球最大的1000家公司5年的股价进行调查，分析了企业经历重大危机后股价突然下跌的概率。她搜集了股价在1个月之内下跌30%以上的企业资料，结果非常惊人。全球有超过40%的大型公司在5年内都经历过这类重大危机。其中一名研究员艾米·史蒂芬森调查了新西兰奥克兰的几家企业，发现危机发生的概率同样很高，有41%的组织称近5年内经历过危机。

很多人似乎认为危机属于罕见事件。事实上并非如此。如果组织在接下来5年内经历危机的概率为40%，难道不应该重视组织弹性吗？

危机每天都会影响组织。举个例子，我熟知的一家公司在仅仅10年内就经历了4场危机：重大就业纠纷；领导团队因战略控制产生权力斗争；设施损坏导致突然需要永久搬迁；几名员工辞职后打算成立竞争公司。这家公司的经历并非特例，这类事件也并非不同寻常，而是每天都发生在组织内部。如果处理不善，就可能导致组织瘫痪。

然而，变化与破坏并非总是产生消极影响——它们也能够激活组织。重建有助于给组织注入新技术与新见解。现存危机能够促进组织重新评估各项目标，重新审视运营环境，并找到新的探索机会。

21世纪的挑战在于，创建能够很好地应对未来的组织，它们不仅需要具备经历重重变化考验的内在能力，而且需要能够在这样的环境中发展。组织必须能够积极主动识别并应对可预料的危机，同时培养应对不可预料事件的能力。组织还应该能够发现运行环境中的各种变化，迅速领会这些变化对组织而言意味着什么，同时能够灵活采取策略应对。这样，组织才能在未来变化迅速的环境中取得发展。

任何组织都能够积极培养这样的弹性能力。

转变的时机

2000 年 3 月，新墨西哥的一条高压线遭到了雷击，导致皇家飞利浦电子制造厂发生火灾。火势并不大，10 分钟内就扑灭了。火灾本身并不是问题，问题在于灭火后产生的烟雾和灰尘。电脑芯片往往不能弄脏。火灾产生的烟雾和灰尘弄脏了有待运输的库存产品——即将用于手机的上百万个微型电脑芯片。

当时，飞利浦拥有两大知名客户购买其电脑芯片——诺基亚公司和其竞争对手爱立信公司。经过调查火灾造成的破坏，飞利浦一开始估计 1 周内能够恢复生产。针对这一判断，诺基亚和爱立信的反应完全不同。

诺基亚深知生产延误很容易给公司造成损失，同时认为飞利浦的工厂不一定何时才能恢复正常生产，因此便积极与飞利浦公司合作寻找变通办法。双方齐心协力，重新设计了诺基亚手机里使用的芯片，并开始在飞利浦其他工厂投入生产。

爱立信对此则反应迟钝。它根据表面判断相信了飞利浦恢复生产所需的时间，因此几乎没有做任何以防万一的准备，也没有制订其他备选方案。

整整过了 6 个星期，飞利浦的工厂才重新启动生产。于是，爱立信就出现了麻烦，手机芯片严重缺乏。而下手早的诺基亚早已经占据了所有额外市场份额。

爱立信有大约 700 万部手机受到供应与质量问题影响，导致其销量和利润双双下降。多条生产线闲置，导致公司库存量上升，成本也随之增加。同年年中，爱立信报告称火灾导致其手机部门第二季度运营遭受 2 亿美元损失。相比之下，诺基亚称其第三季度利润上升了 42%。尽管那次火灾灾情轻微，但是两家公司做出的反应却导致它们的发展出现了天壤之别——从此之后，爱立信再也没能恢复实力。

现在来想想：假如面对重大供应中断问题，你所在组织会怎样应对呢？会是下一个诺基亚呢，还是爱立信呢？组织又是如何应对过去的几次供应中断问题的呢？有没有做到积极主动呢？有没有从挑战中找到利好的一面呢？

自尤西·谢菲在其伟大著作《柔韧》（*The Resilient Enterprise*）一书中强调诺基亚与爱立信的案例后，该案例多年来都是弹性领域的热议话题。不过，这件事的结局很有意思。因此，一定要记住，弹性是动态的，也是处于一定情境的。

弹性的动态性在于它始终在不断变化。曾经具有弹性的组织如果不能保持警惕，其弹性也会逐渐被削弱。弹性也处于一定情境——所有组织都存在特定的劣势。我们工作团队中有位研究人员文卡塔拉曼·尼拉康德指出，虽然诺基亚非常善于应对火灾引发的运营危机，但不幸的是，它却没能有效应对后来出现的客户需求转向智能手机的战略挑战。

通过研究发现弹性指标

2005 年，一场龙卷风肆虐格雷茅斯，这是新西兰西海岸的一个小镇。那场龙卷风席卷了小镇的工业园区，而该工业园区就在 Dispatch and Garlick 工程公司北部。公司员工听说龙卷风要来了，很快便逃跑躲避了。他们刚刚躲到办公椅下面，工厂的整个屋顶就被刮落了。难以置信的是，没有一人受伤。

Dispatch and Garlick 公司紧接着便面临实际问题。之前公司上下一直在努力工作，为的就是按期交付重要客户的国际订单——产品下周就该运走了。现在龙卷风来袭，公司怎么可能按期完成任务呢?

戴夫·麦克米兰是公司所有人，龙卷风来袭时，他正在参加父亲的葬礼，那个地方距离工厂 3 个小时的车程。因此，当他接到电话，得知龙卷风刚刚掀走了工厂屋顶时，心情再糟糕不过了。他立刻赶回格雷茅斯，帮忙协调灾后恢复工作。

这时，发生了一件非常特别的事。公司有大约 50 名员工齐心协力，积极进取，非常希望能够帮助工厂恢复生产，重新运作起来。格雷茅斯当地人也表示将全力支持公司。就连其竞争对手都投身其中，提供资源与帮助。第二天早上，员工都回到了公司，共同完成那笔订单——因为担心下雨，就在防水帐篷下加班。

那场龙卷风来袭时，我们的研究团队，即弹性组织，才刚刚开始成立。我们刚刚争取到第一笔研究资金，主要想搞清楚促进或妨碍组织保持弹性的因素。我丈夫是结构工程师，接下来那周，他被叫到格雷茅斯查看工厂状况，看看怎样才能修复它。那是一栋传统建筑。于是，我决定随他一起去，进一步了解这家公司打算如何处理这场突如其来的危机。

刚到那里，我就发现公司全体员工表现都非常棒。灾难过后 1 个星期，他们就成功输送走了那笔出口订单，整个工作场所也显得尤其冷静、自信。这让我颇为惊讶。我和戴夫·麦克米兰一起喝咖啡期间，询问他公司恢复得如此之快究竟是怎么做到的。

我是研究风险管理出身，而且曾在英国银行业工作过，因此本以为戴夫会告诉我公司的商业连续性计划或者应急预案是如何激活的。很快，我发现这家公司并没有什么应对危机的准备，从来没有做过任何正式的危机管理，也没有计划指示遇到危机该怎么做。但是，它却成功应对了这样一场重大灾难，而且做得非常好。这就让我感到好奇——一些组织是如何能够在逆境中良好应对挑战的呢？

这是个发现时刻。身为研究人员，我们必须质疑已有假设，不能想当然地认为组织保持弹性的方式是为如何应对危机做好准备，并制定全方位措施。我们开始思考，一些组织的弹性是否与它们自身的某些方面，比如特性、氛围或者经营方式相关。

于是，我们决定撇开之前的各种假设，采取充分的理论手段去探究组织保持弹性的原因。我们对 10 家截然不同的组织弹性进行了深入分析，刻意选择了规模、股权结构以及经营领域不同的组织。其中一些案例分析组织不久前经历过危机，另外一些则没经历过。案例分析对象包括 1 家跨国企业、1 家 IT 行业家族企业、1 家上市的基础设施组织、1 家全国性工程承包公司、1 家农村政府组织、1 家大型合作社、1 所大专院校、1 家公立关键基础设施供应商和 1 家超市。我们有一位博士生索尼娅 · 麦克玛纳斯，花了 3 年时间才对这 10 家机构有了全面了解。她采访过每一家组织的人员，想了解组织的日常运营状况、应对危机的考虑、过去应对危机的措施，以及组织有必要利用的能力与素质等。

上述每一家组织都具备自身的特征，相互之间都存在细微差别。不过，我们关注的是它们共有的东西，不论行业、生产类型或地理位置，希望寻找组织弹性的基础内容。

通过索尼娅的研究，我们得出了第一组弹性指标。这么多年来，我们也在其他许多组织内部试验过这些指标。尽管期间作出了一些改进，事实上索尼娅早期研究得出的观点至今仍然行得通——弹性源自组织文化；组织行为并非唯一重要内容，它的行为方式才能使其保持弹性。

一路走来，我们还发现了一些有助于塑造思维的重要见解。考虑到可能遇到的危机类型，组织很容易变得缺乏远见。多家组织把主要精力全部放在如何更好地应对最近一次爆发的危机上，这让我们很惊讶。例如，如果它们最近经历了洪灾，那么就会只关注洪灾危机。

我们还发现，一些组织认为危机时刻弹性是唯一相关因素。很少有组织认识到自身应对大规模破坏的能力与处理日常事务起伏能力之间的关联。

我们还看到一个非常有趣的现象，那便是公有组织很难想象“组织失败”是个什么样子。他们往往习惯于认为失败无非是“财务状况出问题”，或者“倒闭”(政府支持的实体组织是不会遇到这样的情况的)。因此，我们费了很大劲才让他们明白弹性的重要性。

上述见解强调有必要培养弹性能力，一方面能帮助组织应对突发事件，另一方面也有助于推动其业务发展。它们能够督促我们制定弹性战略，帮助组织应对各种逆境，无论逆境是否属于重大风险。还有助于推动我们不只是从财务状况角度审视弹性——弹性也是组织在各种情形下不断实现其核心目标的重要能力（这才是最关键的方面)。

识别组织弹性

关于该如何设计高弹性组织没有定式。有的方面可以提升组织弹性，有的则会破坏它，取决于处理方式。不过，组织可以积极促进生成弹性指标。

组织弹性源自其计划与适应能力。乐于在计划弹性能力方面投资的组织能够在变化崭露头角时意识到它的出现，并采取行动降低下行风险，同时吸取最大好处。这些组织能够防止风险发生。即便确实出现了风险，它们也能够有效应对。

然而，仅仅拥有计划弹性能力并不够。没有危机与计划完全契合，组织难免需要找到新的适应与发展方式。组织应该同时保持计划性与适应性，这是弹性的关键（图 1.1)。

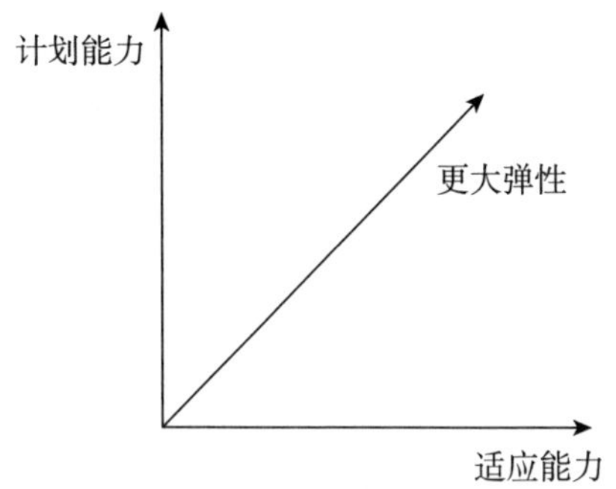

图1.1　弹性既需要计划能力，又需要适应能力

很多计划性差的组织往往会依赖其适应能力来摆脱麻烦。新西兰有个说法很好地描述了这种态度——“老兄，她会没事的！”然而，“她会没事的”这种做法容易引发四面受敌心态——在这种情况下，组织要不断应对难题与危机，而如果它们提前做好了基础计划工作，就能很容易地避免这些危机。因此，组织最好首先能够积极预防危机，避免其发生。

身为弹性研究人员，我们经常会听到有人问，某类组织是否要比其他组织更具弹性。研究表明，弹性并非某类组织独有的特点。任何组织，无论规模或结构，都能培养计划性与适应性弹性能力。任何组织也都可能成为功能失常的温床。

弹性和组织具有的资源并不直接相关，而是更多地与组织如何获取并利用资源（当它们需要资源时）相关。例如，大型跨国公司或许具有弹性，能够利用其储备的大量资源。不过，这类公司的反应有时也会不够及时、灵活。小公司虽然直接控制的资源较少，但是如果它们与其他组织联系密切，也能够在需要时利用大量资源。

同样，有的组织结构有助于支持弹性，有的则会破坏弹性，取决于其实施方式。如果领导团队很强大，那么层级组织会具有良好弹性。但是，如果领导与下属脱节（比如，下属不乐意追随领导），那么层级组织也会出问题。一般来说，相比组织的结构设计而言，弹性更多取决于组织内部人与团队之间的关系。

不同领域的组织会遇到不同的弹性问题，但是没有任何一家组织注定要比另一家更具弹性。高度管制环境下的组织有时候会能力受限，无法在短时间内创新或实施新的解决方案。竞争激烈环境下的组织或许具有更多创新动力，同时其客户群在初嗅失败迹象时也会迅速转变支持对象。

不仅营利组织需要保持弹性，其他各种组织也面临着类似难题。

听说过 Livestrong 吗？这家非营利组织之前名为兰斯·阿姆斯特朗基金会。阿姆斯特朗承认自己在环法自行车比赛期间吸毒后，该基金会只好改名。这之前，基金会依靠出售好几百万只黄色手镯筹集资金，而且还能吸引成千上万人共同庆祝骑行活动。阿姆斯特朗承认吸毒后，耐克公司终止了对该基金会黄色手镯利润丰厚的赞助协议。基金会一面与颇具魅力的创始人阿姆斯特朗保持距离，一面只能想办法维持存在。时间会证明基金会将如何应对这诸多挑战。CEO 道格·阿尔曼说："Livestrong 将从此与众不同。将来，它会更好吗？或许会的。"

政府组织也需要弹性。全球挣扎于破产的城市比比皆是，底特律就是其中之一。该市的问题与其说是一场灾难性事件，不如说是慢热型灾难，但是其引发的危机同样严重。底特律主要依靠征收财产税来支撑公共服务，但是自 20 世纪 60 年代以来，其财产价值在半个世纪内着实下跌了 77%。作为该市的支柱产业，汽车产业也开始衰退，并由此引发大规模失业现象，出现了毫无魅力的城市景象以及遭到污染的土地。那里的人口在不断减少，基础设施在退化，最终引发了财政破产。近期，底特律宣布破产，但是仍然有一些人希望它能抓住机会复苏。要想焕然一新，就需要正确的领导、文化以及态度。

上述例子表明，弹性不仅仅是企业需要关注的问题。不管你所在组织规模、类型如何，也不管处于哪个行业，你都能从本书中收获一些想法，提升组织弹性。机不可失，请从现在做起。

关注变化

你真觉得组织已经具有很好的弹性了吗？太好了，这本书刚好可以来检验你的想法，从而帮助你集中注意力。组织现在具有弹性并不意味着将来仍然如此。因为组织在经历一些正常改变后，弹性水平也会随之变化。长时间的压力很容易破坏组织弹性，因为员工会因此疲惫不堪，组织也很可能会沉潜待发，面对强大挑战采取守势。同样，组织重组后必将丧失技术高超、经验丰富的员工，以及他们拥有的社会资本和团队记录，从而削弱组织的弹性。

如果连日常生活都能破坏组织弹性，想想大地震会带来多大影响。我们研究团队的很多人都生活在基督城。2010

年，那里遭遇了7.1级地震，震中位于该市西部仅40公里处。于是，研究团队迅速开始调查地震对当地各大组织产生的影响，打算全程追踪这些组织的恢复过程。

这项研究后来变得颇有意思，原因是并非只发生了一次地震。在随后的两年内，该市经历了12000次地震。于是，研究团队改变了研究方法，开始面对遭遇接连危机的很多组织。

在基督城事件研究过程中，我们搜集了组织在13项弹性指标方面的得分。这些组织是从基督城七大片区随机选择的。

其中有五大片区属于该市特定行业。我们考察了建筑用品行业组织，因为该行业对于重建基督城而言至关重要。还考察了快速消费品行业，包括食品生产商、超市以及住宅区附近出售日用品的小商店。第三大行业是信息通信技术领域。该行业发展迅速，对区域经济而言意义重大。我们还从电、水、城市污水、远程通信、交通等重要基础设施供应商那里搜集了资料——社区居民在日常生活中主要依赖这些服务。我们调研的最后一个行业是货车运输，即通过供应链为基督城不同地区提供物流联络。

此外，我们还选择了另外两大地理片区的组织：一是位于基督城中心商业区的一些组织；二是位于受损同样严重的相邻小镇——Kaiapoi镇——中心的一些组织。

图1.2展示了2010年年末，第一场地震袭击后不同行业各个组织的弹性进展。可以看出，大部分组织进展良好，经历危机后基本能保持弹性。

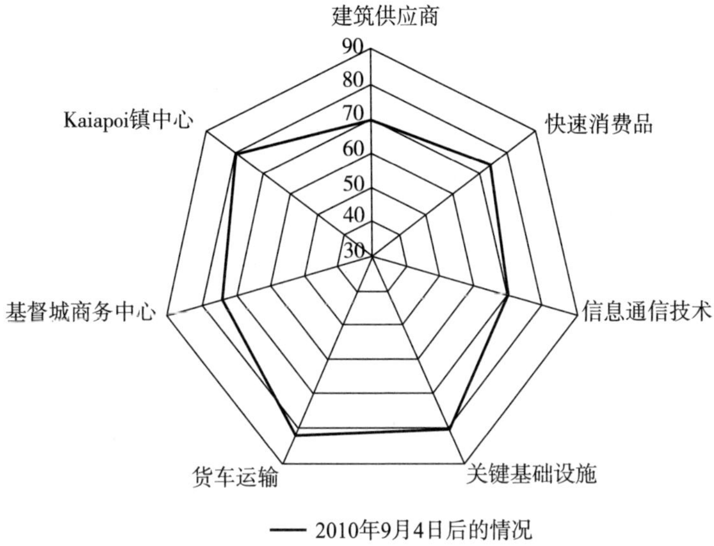

图 1.2　弹性完好无损——2010 年 9 月 4 日地震爆发后，坎特伯雷不同行业组织的弹性

当时，我们掌握的情况很少，但却有助于我们理解接下来发生的事情。6 个月后，基督城再次遭遇 6.3 级地震袭击。尽管那次地震震级比第一次低，但是其震中正好位于该市，因此更具毁灭性。尘埃落定，研究团队成员再次去上述那些组织调研，看看它们进展如何。调查结果非常明确，所有行业组织弹性都崩溃了（图 1.3）。

一年后，基督城仍然余震不断。研究团队再次去上述多家组织调研，想看看它们是否恢复，以及是如何做到的（图 1.4）。

我们发现，许多组织已经开始恢复重建，但也有一些尚未开始，尤其是位于基督城商务中心的那些组织。第一场大地震爆发后一年来，商务中心仍然处于警戒状态。大楼业主

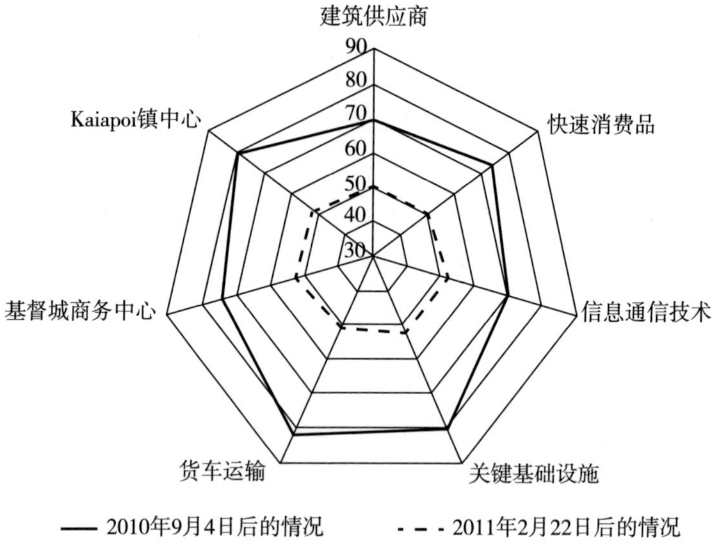

图 1.3　2011 年 2 月 22 日地震爆发后，各行业组织的弹性

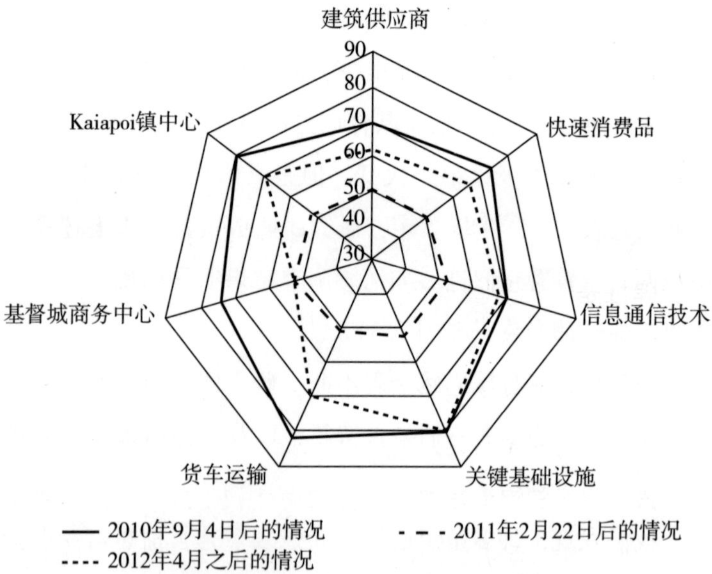

图 1.4　2011 年 2 月 22 日地震爆发 15 个月后，

坎特伯雷经济重建后大部分行业组织的弹性

以及一些企业主在陪同下可以穿过警戒线，但是，总体而言，该地区禁止进入，因为大量建筑都遭到了破坏，成了危楼。这当中有不少组织仍然对外营业——只不过都在市内找了临时场地。这些组织由于无法确定能否或者什么时候才能搬回市中心，因此举步维艰。压力在不断上升，严重影响了组织领导力与文化，拉伸了关系网，降低了它们应对附加变化的能力，组织弹性也因此受到了影响。所以说，这些组织尤其难以应对未来可能发生的各种事件。

基督城遭遇的一连串地震表明，弹性并非一成不变，而是像潮汐一样跌宕起伏。对于某一组织而言，能够破坏弹性的很可能并非是一连串地震，也许是降低成本的持续压力、客户行为的微妙变化、内部不良文化或者频繁的重组。上述这些因素以及其他很多方面都可能损害组织弹性。

既然弹性是动态的，就有必要长期监控组织弹性。只要搞清楚普通企业变化是如何影响弹性的，就能有意识地关注管理并培养弹性的方式。

管理弹性是一项战略资产

> 沃尔玛针对卡特里娜飓风作出了积极响应。公平地说，卡特里娜飓风来袭之前，沃尔玛的公众声誉差极了。该公司经常饱受争议，包括它对待员工的态度，出售国外血汗工厂生产的商品，对规模较小的当地零售商造成的影响，以及其运营的方方面面。2005 年 4 月，即卡特里娜飓风来袭之前 4 个月，《财富》杂志评论沃尔玛正

在“一步步踏入无法摆脱的管理与公关困境”。然而，飓风爆发后，沃尔玛作出了积极响应，在救援活动中进行了大量捐助，还对受灾居民开放门店，免费提供物资。沃尔玛还和红十字会合作，几天内就将救灾物资运送到政府几个星期都无法送达的灾区。

“很多人都得作出超出自身水平的决定。要利用现有信息作出最佳决策。最重要的是，要做正确的事。”卡特里娜飓风临近时，沃尔玛 CEO 李・斯科特对店长们这样说。这就为接下来沃尔玛的响应奠定了基调。公司层面，沃尔玛积极利用飓风追踪软件检测暴风雨可能在哪里登陆。紧接着，沃尔玛准备了多辆满载救灾物资的卡车，并把它们停在推测出的飓风登陆地带，以备受灾居民使用。卡车已准备就绪，一旦飓风来袭，随时可以调遣。沃尔玛积极采取措施，利用一流的物流输送能力，不仅成功将救灾物资运送到了直接受灾地区，而且还让公司公关得到了提升，这也是它当时急需的。

沃尔玛事务部执行副总裁莱斯利・达奇离开公司之前，曾经谈到了卡特里娜飓风是如何让公司发生转变的："沃尔玛的转折点便是卡特里娜飓风。暴风雨来袭时，公司所有人都主动为灾民提供饭菜、应急物资和现金。不需要商量——这样做显然是对的。但是，这一经历为我们打开了眼界，让我们看到了创造不同的更广阔机遇。”

两个月后，时任 CEO 李・斯科特做了一场具有里程碑意义的演讲，其中谈道："沃尔玛怎样才能保持一直做到最好呢？我们利用规模与资源让这个国家乃至全世界都变得更加美好，同时努力打造更强大的企业，这个主意如何呢？”

还记得前面提到的黛博拉·普雷蒂开展的研究吗？她调查了全球规模最大的1000家组织经历危机的频率。黛博拉在研究中有了另外一大惊人发现，即能够很好应对危机的组织事后股价往往会比危机发生之前高。她分析了每次危机后的股市价格，发现已恢复组织和未恢复组织都呈现出明显模式。图1.5显示了每组公司经历危机后（消除了市场影响以及与危机无关的其他因素）的股市校正平均值。

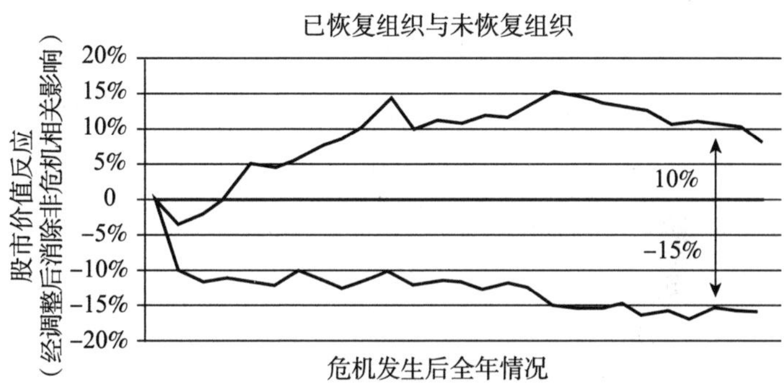

图1.5 危机对股市价值的影响——已恢复组织与未恢复组织采取的不同途径（节选自奈特和普雷蒂，2001）

危机为股市提供了机会，也为分析家深入了解组织的管理能力，并应对意外与极端情况提供了机遇。图1.5表明，市场迅速对这方面能力做出了判断。危机出现头几天，开始复苏的组织和其他组织之间很快表现出了不同，这表明非常有必要随时做好准备有效应对。

黛博拉的研究还说明，危机不一定只会带来负面影响，也可能促进变革。具有较好弹性的公司也能够把危机转变为机遇，变得比以前更好。能够很好地应对危机的组织，往往也会比市场平均水平表现更好，超出约 10%。换句话说，危机能让它们获得价值。危机也能带来变化机遇——不管是技术变化，建立新的合作伙伴关系，重新评估组织的商业定位，还是重申对组织核心价值的重视。这些机会之窗往往转瞬即逝，因此需要保持开放心态与明确定位来更好地利用它们。

当下获益

经历危机的组织能够获益于弹性，这一点不难解释。不过，近期研究的一大令人激动的发现是，弹性价值并非只呈现于危机时期。弹性组织在常态经营中受益也很显著。有证据表明，弹性组织往往拥有更流畅的现金流，盈利也更多。

早在 2010 年，我们的一名博士生艾米·史蒂芬森就在新西兰最大的城市奥克兰对 61 家组织进行了研究，主要比较它们的弹性优势与劣势。她发现了统计显著相关，表明具有较高弹性的组织往往现金流更流畅，盈利更多，投资回报也更高。

由于艾米的奥克兰研究中采用的样本并不大，因此，我们在 2013 年做了新的尝试，想看看能否在其他研究中得出同样结果——这次，我们主要关注组织是如何从坎特伯雷地震中复苏的。在这项研究中，我们从该地区随机选择了 541 家组织，并搜集了它们的信息。研究发现，弹性较高的组织不仅能从地震中更快更好恢复，而且也存在统计上的显著相关，表明弹性较高的组织往往具有更流畅的现金流，盈利也更多（表 1.1）。

表 1.1　弹性水平高于平均的组织和低于平均的组织现金流与盈利状况比较

		弹性水平低于平均的组织/%	弹性水平高于平均的组织/%
现金流	不畅/非常不畅	14	7
	满意	35	27
	顺畅/非常顺畅	51	65
盈利	无利可图/收支平衡	29	18
	适度盈利	61	64
	高盈利	10.5	18

我们将样本分为了两组——一组弹性水平低于平均，另一组高于平均——然后比较了它们对现金流与盈利相关问题的回应。结果显示，弹性水平低于平均的组织现金流往往不畅或者相当不畅，这些组织当中有 14% 出现现金流不畅，或者相当不畅——弹性水平高于平均的组织则只有 7% 出现同样问题。此外，弹性水平低于平均的组织往往也很难盈利，充其量只能做到收支平衡。它们当中有 29% 无利可图，充其量只能做到收支平衡——弹性水平高于平均的组织当中只有

18%存在这方面问题。

表 1.1 右侧数字显示，弹性水平高于平均的组织现金流很顺畅，甚至非常顺畅（65%）。相比之下，弹性水平低于平均的组织现金流则差一些（51%）。弹性水平高的组织也比弹性较差的组织盈利更多——后者为 10.5%，前者则高达 18%。

研究人员面临的关键问题是：谁是因，谁是果？组织内部的弹性提升行为也有助于提高企业的日常业绩吗？还是说只要组织的常态经营做得好，就有资源与能力在弹性方面投入更多呢？目前，没有数据能够证明这二者之间的关系，但是我们现在所从事的项目研究或许能够给出一些提示。距离上次调查 5 年后（这期间还发生过几次地震），我们打算对基督城组织进行回顾，看看它们的经营业绩如何，弹性发展如何。我们希望借助这些纵向数据，通过比较当时和现在的情况，看看弹性是否会提升或降低组织的经营业绩，以及能够同时提升组织弹性与业绩的组织具体特征。

在讨论组织弹性指标（下文很快会谈及它们）时，就会逐渐认识到弹性与经营业绩之间的关系。组织弹性的很多特点——良好领导力与文化、强大体系与关系，以及做好准备应对变化——也能够为其常态经营带来切实利益。

弹性组织明白需要迅速做出改变，迅速适应危机以及外界各种形式的变化。因此，它们会鼓励团队成员的创造力，倡导组织内部的信息与思想交流。它们工作非常努力，为的就是确保员工能够高度投入、紧密联系，同时注重营造高度信任的环境。它们注重投资组织领导力，引导人们朝着明确目标努力，积极建立伙伴关系与人际关系网，从而在需要时应用于常态经营中。所有这些特点在常态环境下努力打造高性能组织的那些人看来都不足为奇!

虽然人们对组织弹性与常态经营业绩关联的研究仍处于早期，但是研究发现的潜力很诱人。弹性能够为组织提供冒险以及与其他组织竞争的机遇。不过，组织要想实现弹性的全部好处，就需要每天都练习弹性，并将其充分融入常态经营实践中。约翰·瓦戈常常说，“任何事情都需要多练习，才可能擅长它”。

人们听到楼道里的火警警报响了时，不会停下来阅读疏散指示，而是会直接冲向逃生口。人们会凭直觉对该情况作出反应。要想让这种正确反应成为直觉，需要多年的火灾演练积累，使得它慢慢扎根于人们内心，成为自然反应。组织需要借助类似原则将弹性思维与行为植入组织 DNA。

组织弹性驱动并非只图一己之利，除了为组织盈利、让组织长久之外，社区组织弹性还能带来显著社区利益。组织好比社区内的关键物种——会影响人们生活的方方面面。组织拥有、管理并维护关键基础设施，为居民提供所需物品与服务，使经济正常运作，并提供就业机会与聚集场所，把大家联系在一起。如果我们能提升组织弹性，它们就会成为更好的雇主，为客户提供更好的产品与服务，并能够使社区在动荡时期保持稳定。打造弹性组织是实现弹性社区的重要步骤。

弹性要素

10 余年来，我们的弹性组织研究项目规模得到了扩大，目前有超过 35 名活跃研究人员，聚集了拥有各种技能、见解以及应对组织弹性挑战方式的各路人才。团队共同确定了 13 项研究指标，来审视组织弹性（图 1.6）。

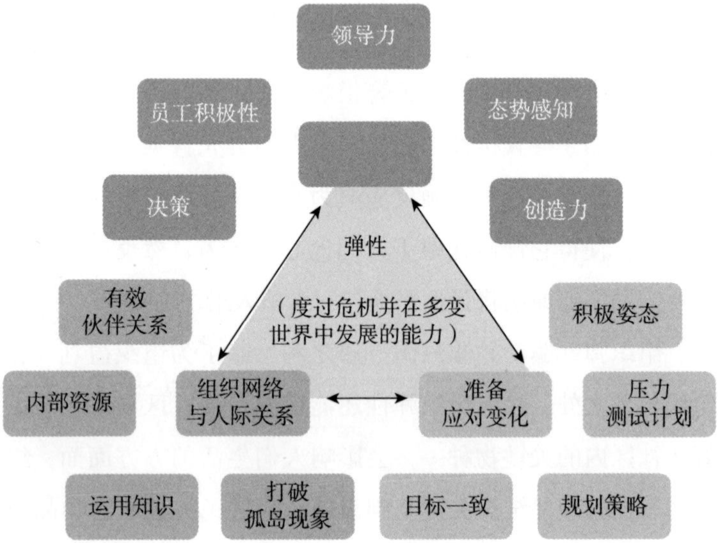

图 1.6　组织弹性指标

无论组织类型、规模如何，也无论其是否营利，上述 13 个弹性指标都适用。不过，研究团队认为其中一些指标要比另外一些更具效力。本书会一一介绍打造弹性组织的五大首要要素：

- 要素 1：人们愿意追随的领导（领导力）

- 要素2：团队成员敬业（员工积极性）
- 要素3：拥有3am朋友（有效伙伴关系）
- 要素4：审时度势（态势感知）
- 要素5：树立不断学习的心态（创造力）

弹性能力的形成需要长期的积极培养和维护。后续几章内容会提出一些实际建议，促使组织积极提升弹性——从今天就开始吧！

通过研究，我们为评估组织目前的弹性水平提供了大量工具。接下来会列举研究中用到的13个指标，来快速、简要地描述组织。我们称该工具为弹性个性特征。这一工具概括了组织目前的弹性优势与劣势，从而有助于识别本书哪些章节最值得关注。

本章结尾以及弹性举措部分给出了更多信息，告诉读者如何切实地检验并评估组织弹性，掌握其发展动向。

快速入门指南：评估组织弹性

表1.2 识别弹性优势与劣势的弹性个性特征问题

弹性个性特征		
你同意下列关于组织的说法吗？ 请根据每一项指标分别给组织打分，分值从0到10。10代表完全同意，这是组织的一大优势。0代表完全不同意，这是组织的一大劣势。		
弹性指标	描述	分值（0~10）
领导力	如果遭遇危机，组织内部会具备好的领导力	□

续表

弹性指标	描述	分值（0~10）
员工积极性	组织员工都能够积极努力解决问题	□
有效伙伴关系	我们注重与危机时期可能需要合作的对象建立良好关系	□
态势感知	我们积极检测行业趋势，以便对新出现的问题作提前预警	□
创造力	我们善于采用新的方式运用知识	□
积极姿态	我们注重应对意料之外的事情	□
目标一致	我们非常明确危机期间与之后的轻重缓急	□
决策	我们能够迅速作出艰难决定	□
打破孤岛现象	几乎没有什么能够妨碍我们与其他组织愉快合作	□
内部资源	组织能够维护足够资源来适应意想不到的变化	□
运用知识	如果关键人物遥不可及，总会有其他人能够填补角色	□
规划策略	考虑到其他人对我们的依赖性，我们预防不测的做法非常恰当	□
压力测试计划	组织致力于实践并检验其应急预案，以便确保其有效性	□

通过观察你给组织的评分，就能够从弹性角度发现组织的优势与劣势领域。或许你会以为我接下来要建议你选择最

大劣势方面，并从解决它们入手。你错了。相反，我建议你首先识别组织的优势，并利用它们进一步提升弹性。

为什么要这样做呢？因为经理人往往会认为自己的任务就是解决组织内部出现的问题。事实上，重点关注做得好的方面，以及如何做到更上一层楼，有很多经验可以借鉴。结果表明，关注成就比关注失败更有助于更好地学习，同时提升工作效能。

20世纪80年代，运动心理学家丹尼尔·科什巴姆做了一个实验，目的是了解人们在学习保龄球等新技能时，积极强化与消极强化分别产生的影响。他选择了一组保龄球初学者，给他们上了同一堂课，主要讲述良好的保龄球技巧，紧接着便举办了长达5个星期的联赛。他要求其中一组保龄球手在每场比赛后观察自身表现，重点关注做得好的地方。在下次比赛开始前，他会提示这组选手记住他们在上一次比赛中的良好表现。

第二组保龄球手也被要求在每场比赛结束后回看自身表现，但是重点要关注他们哪里做得差。在下次比赛前，也会提示他们记住这些问题，避免在接下来的比赛中犯类似错误。

你觉得哪组保龄球手会提高保龄球比赛成绩呢？相比另一组选手，关注良好表现的保龄球手得分有了大幅度提高。

每个人天生都有优势与劣势。组织也一样。受历史、所处行业以及员工类型影响，组织自然会具有一些特点。相比不容易消除的劣势而言，强化天赋才能能够带来更大收获，而且着手起来也不会让人却步。

盖洛普咨询公司的唐纳德·克利夫顿和詹姆斯·哈特举

例说明了该如何将这一理念运用于企业界。他们曾和一家大型酿酒厂合作过，该酿酒厂在英格兰拥有7000多家酒馆。每当有酒馆业绩开始下降时，管理层往往会首先考虑翻新酒馆。这样做确实会让酒馆业绩有所提高，但却持续不了多久。很快，该酒馆会再次成为业绩最差的一家。研究人员问公司为什么要把全部翻新资金都投入业绩差的酒馆，业绩最好的酒馆日久也会陈旧，难道不应该翻新吗？

于是，酿酒厂决定尝试一下。它翻新了8家业绩良好的酒馆，以及8家业绩较差的酒馆，想看看哪种投资收益更高。很快，酿酒厂发现投资于业绩良好的酒馆是更好的决策——尽管那8家业绩良好的酒馆业绩量本身就较大，其盈利百分比增长幅度也更大。投入等量的成本与精力，业绩好的酒馆经翻新后收益要比业绩差的酒馆翻新后高出7倍。为什么会这样呢？通过考察它们各自的地理位置、竞争环境以及其他因素，显然业绩好的酒馆有一大显著特征，那就是员工水准。翻新高收益酒馆相当于投资于组织的天然优势——投资于最佳员工。

关于优势相对劣势更容易提高，很久以前就有这样的说法。早在20世纪50年代，内布拉斯加州就在全州开展了一项研究，重点评估不同教学法的效度，大约6000名10年级学生参与了该研究。经过分析数据，研究人员发现了一个有趣结果：虽然所有受试学生在学习过程中都提高了阅读技能，但是研究一开始便具备较高阅读技能的孩子收获更大。这一结果出乎意料。研究人员由此提出假设：相比投入同等精力来改进不足，个人努力增进优势往往会收获更多。

不过，我们不能总是关注优势，也需要关注劣势。我建议同时考虑优势与劣势，利用现有优势消除劣势。举个例子，假如组织擅长与其他组织建立有效伙伴关系，但是在压力测试计划方面相对处于劣势，可以邀请合作伙伴中擅长制订压力测试计划的组织来开展培训。如果组织擅长制订规划策略，但是在员工积极性方面较差，可以利用规划能力设计并实施前瞻性工作计划，来提升员工积极性。如果组织在创造力方面表现出色，但是不擅长传统的规划策略，可以利用创造力发现新的规划办法，从而更好地服务于组织。

小结

以下是本章重点内容节选：

- 弹性组织能够很好地应对未来——不仅具备经历重重变化考验的内在能力，而且能够在这样的环境中发展。
- 研究发现了13项组织弹性指标。领导力、员工积极性、有效伙伴关系、态势感知、创造力尤为有效。
- 因为组织在经历一些正常改变后，弹性水平也会随之变化，因此有必要监控组织弹性，并采取一定策略保持并提升弹性。
- 弹性也能带来日常收益。具有较高弹性的组织往往现金流更顺畅，盈利更多。社区组织弹性还能带来显著社区利益。

- 危机并不罕见，而是很寻常。任何组织都可能遭遇至少一次重大危机，但是，并非所有危机都不利——如果组织善于抓住机遇，危机来临的同时也会带来一些机遇。
- 不管你所在组织规模、类型如何，也不管处于哪个行业，你都能从本书中收获一些想法，提升组织弹性。

弹性举措——长期监控弹性

本书结尾提出了提升弹性的大量举措。最能够引起组织重视弹性，并适用于长期衡量、监控弹性的举措如下：

1. 聆听他人的故事。
2. 利用炙热平台。
3. 适当借助同行压力。
4. 鼓励他人提出想法。
5. 不要称其为弹性。
6. 借助弹性检查促进讨论与反思。
7. 利用弹性个性特征进行测试。
8. 衡量组织弹性标准。
9. 与其他组织共同衡量并提升弹性标准。
10. 评估弹性能力。

第 2 章　领导力——人人乐意追随的领导

随着 2007 年橄榄球世界杯四分之一决赛结束的哨声吹响，全球最棒、表现最稳定的全黑队再次失利。该队原本声称要力争成为世界冠军。

全黑队作为新西兰国家橄榄球队，其历史纪录无与伦比。它成立已经 100 多年，在历届国际橄榄球锦标赛中胜出率高达 75%。这个数据非常了不起。巴西足球队 5 次荣获世界冠军，而其国际比赛胜出率仅为 62%。

尽管全黑队历史成绩不错，但在过去的 20 年里该队却一直无缘橄榄球世界杯冠军。1987 年，全黑队赢得了首届橄榄球世界杯锦标赛，之后便多次失败。2007 年的橄榄球世界杯锦标赛是这支球队 20 年来翻身的大好机会。

全黑队是此次锦标赛最受喜爱的球队，他们在过去两年间赢得了几乎所有奖杯，在一连串淘汰赛中轻松取胜，一路冲进四分之一决赛。所有人都期待他们能够轻而易举赢了法国队。

比赛过半，全黑队以 13：3 领先法国队，一切似乎都朝着计划发展。然而，比赛即将结束时，全黑队却以

18：20 输了比赛。从此，这支球队便遭受了重大打击，国人的希望也因此支离破碎。

此次失败引发了直接后果：新西兰大量媒体呼吁解雇教练团队。该球队的历史对于主教练格雷厄姆·亨利而言并不是个好兆头。每逢世界杯失败后，现任教练都会退休、辞职或被新西兰橄榄球联盟毫不客气地开除。

面对激烈的公众监督与争论，格雷厄姆想方设法说服橄榄球联盟自己此项事业尚未完成。因此，他争取到 4 年时间，希望能指导球队在 2011 年的世界杯中取胜。

你会采取什么办法将惨败的球队打造成赢家呢？格雷厄姆开始倡导共享与共同领导力文化，使得队员成为领导，领导也知道什么时候该听从队员建议。队员、教练以及管理团队成为平等的合作伙伴，朝着成功的目标共同努力。

格雷厄姆发现有 7 名资深队员领导能力非凡。这 7 个人就是后来有名的“七强”。其中有 4 人被任命为场上的领军人物，负责评估比赛，制定比赛策略。其他 3 人则是场下领导，主要负责培养团队文化与士气，围绕可接受的场下行为划定界限，并帮助新成员融入团队文化。

4 年后，也就是 2011 年，全黑队再次遭遇强劲对手法国队——这一次两队在橄榄球世界杯决赛中相遇。整个 80 分钟的赛程惊心动魄，每一分都赢得艰难，最终全黑队集中精力以 8：7 胜出。

那么，是什么在这次比赛中扭转了局势呢？在之前几乎所有世界杯锦标赛中，全黑队一直都处于最佳状态，但是却从未赢得比赛。格雷厄姆把这次成功的主要原因归结于球队采取的共享式领导力战略。

领导力指的并不是某个人独自掌控全局，提供指导。没有谁总是具备领导所有人的所有品质。主教练确实会对团队产生重大影响。不过，比赛一旦开始，队员就得靠自己了。他们必须相互协作，共同努力赢得比赛。场上需要领导力。

在场外，队友则更容易影响团队文化和行为准则。相比受到脾气暴躁的教练斥责，年轻人更难以直面整个团队承认错误，比如因为深夜外出饮酒而行为越界。

全黑队通过发挥团队领导力，得以挖掘出出色教练与队员以外更有效的方面。他们的团队拥有归属感，而且形成了一股强大力量。

又过了 4 年，即 2015 年，全黑队再次赢得了世界杯。该队是橄榄球世界杯锦标赛史上连续夺冠的首支球队，也因此巩固了它作为全球顶级球队的声誉。

如果说运动队都能做到这一点，那么组织又何尝不可。组织面临重大危机就好比球队面临世界杯决赛。组织是勇于应对挑战，还是会陷入困境，将取决于近年来形成的组织领导力与文化。

领导力是对弹性组织的一大关键要求。并非只有组织高管的领导力才很重要。无论是大型企业的 CEO、小公司企业主、中层主管，还是组织运营一线员工，他们每天展示出来的领导力都会影响组织弹性。

拥有非凡领导力的组织能够度过各种危机，即便准备工作很少。然而，反过来就不一样了。领导力差的组织即便做最好的准备，都很可能在危机初露迹象时受挫、失败。

那么培养组织弹性需要什么样的领导力呢？图 2.1 显示，此处涉及五大关键标准：忠于自身价值观、构建愿景、找得到人而且具有亲和力、打造团队，以及适时提供正确领导力。

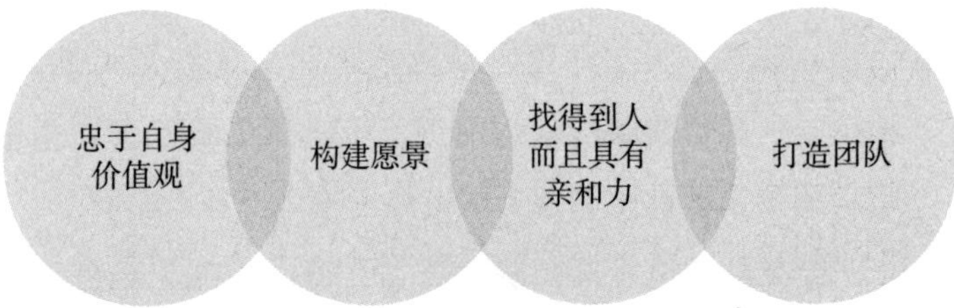

适时提供正确领导力

图 2.1　成为人人乐意追随的领导

如果下属不愿意听从领导的指挥，那么领导就什么都不是了，这一点很明显。要想赢得尊重、敬业与信心，有几大先决条件，首先需要与人们建立情感联系。

忠于自身价值观

公平而言，2005 年的卡特里娜飓风来袭后，政府的回应并没有取得良好开端。飓风登陆后 10 天，已经退休的美国海岸警卫队司令萨德·艾伦出马负责扭转局面。他做的第一件事便是召集会议，参会者近 2000 人，都是他的下属。

他站在桌子上，举着扩音器，给所有人都下了令——要像对待家人一样对待飓风中受灾的每个人。他们希望家人在同等境遇下受到怎样的对待，就应该怎样对待他人。如果他们做到了这一点，那么即便犯了错误也是因为他们做得太多——这没关系。萨德继续说，如果他们这样做了，还是有人有问题，那么就该由司令解决，而不是一线工作人员的事了。

说到这里，欢呼声一片。萨德解释说，公众总感觉政府回应不够好，导致政府压力倍增，其实人们真正需要的是单纯的核心价值——需要有人站出来引导。

萨德·艾伦身为出色的危机领袖，得到了广泛认可。是他使得政府对卡特里娜飓风的回应有所扭转，是他在“9·11”恐怖袭击后被委任负责纽约港口事务，也是他在 2010 年墨西哥湾漏油事故中被任命为国家事故控制官。这些都为他赢得了声望。萨德认为，领导的关键作用在于确保努力统一。实现统一努力的最好办法就是逐渐灌输人人都认同的共同价值观。

如果你和我一样，肯定还记得 2010 年墨西哥湾漏油事故中英国石油公司 CEO 托尼·海伍德说的话。在很多人心里，“我想过正常生活”这句简短引述很快就和英国石油公司对事故的回应关联了起来。危机爆发后，针对公司的回应说了无数话，这只是其中几个字，但是人们却记住了这句话——它们让公众觉得海伍德和英国石油公司根本就不在意。

一涉及危机，公众就会高度关注情感问题，并将其作为判断依据。危机结束后很多年，人们仍然记得对他们产生情感影响的那些事情。假如组织不够负责任，或者不能公平对待员工，这一污点产生的影响远比危机带来的直接影响久远。这就意味着，身为领导必须同时关注“做正确的事情”以及“把正确的事情做好”。

虽然危机各不相同，但是往往会涉及人。可以想想组织是如何对待人的，包括员工、客户以及整个社区，从而考虑组织是否能够有效应对情感问题。

1982 年，芝加哥有 7 人因为食用过量含有氰化物的超强度泰勒诺胶囊而丧生。泰勒诺胶囊制造商强生公司（Johnson and Johnson）没等看食品污染是否在大范围内扩散，就立即召回了芝加哥地区的所有产品，并发现了另外三瓶尚未食用的含氰化物产品。接着，该公司便密切配合当局，寻找污染源。结果发现这是一起产品篡改事件。由于效仿行为在美国其他地区也开始出现，公司便迅速提出召回全美所有的超强度泰勒诺胶囊。

泰勒诺胶囊篡改事件的处理方式在出色危机管理中经常被引用。那次危机得到了很好处理，因此也为强生公司赢得了长期声誉。

“我们应该首先对医生、护士、病人、很多爸爸妈妈，以及使用我们产品与服务的其他所有人负责。”这句话写于 1940 年，是强生公司信条中的第一句话。虽然当今世界产品召回看似理所应当，但是早在 1982 年，却鲜有组织采用这种方法，更别说这么大范围内的召回了。这次召回不仅涉及一两批产品，而是涉及多达 3100 万瓶药品的整个生产线。

尽管产品篡改不是强生公司造成的，其做法却让公众明白，公司绝不会退缩，而是会尽职尽责确保公众安全。强生公司通过践行“人民第一，财产第二”的承诺，拥有了特别收获——赢得了客户的信任与忠实，而且一直持续到今天。

令人惊讶的是，很多组织都没能从强生公司处理危机的经历中吸取教训。7 年后，“埃克森·瓦尔迪兹号”油轮在阿拉斯加的威廉王子湾搁浅，泄漏了超过 1100 万加仑原油。直到事故发生 6 天后，埃克森公司董事长才向媒体发表声明。危机爆发 3 周以后，他才去阿拉斯加。结果呢？埃克森领导团队给人留下的印象是，环境破坏并不重要，不足以让公司领导插手。这就导致该公司接下来的多次致歉听起来都像是空话，而且还长期失去了信誉。

这些年来，出现了更多起组织冒犯客户信赖与核心价值的案例。1999 年年末/2000 年年初，福特和费尔斯通公司花了好几个月时间解释福特探索者车型轮胎相关事件——汽车高速行驶时，轮胎就会爆胎，螺纹开裂，从而引发了多起致命车祸。福特和费尔斯通公司的做法一开始给人的感觉是，双方都在努力将责任归咎于对方，而公众真正希望看到的是，它们能够齐心协力迅速解决安全问题。10 年后，美国联邦调查局助理局长称另一家汽车制造商丰田公司将“销量置于安全之上”“利润置于原则之上”，因为这家公司掩盖了众所周知的油门踏板安全问题。其生产的汽车因加速失控，导致多人死亡。丰田公司最终不得不召回几百万辆汽车，并答应因回应缓慢而支付美国政府 1640 万美元罚款。

最近一个案例也发生在汽车行业，即大众汽车公司。有人发现该公司在柴油汽车模型上安装了某种装置，为的就是通过尾气测试，这属于欺诈行为。这种装置能够识别汽车在实验室检测的时间——检测时，该装置就会增加汽车上的污染控制。然而，如果不是在实验室里，该装置就会降低尾气排放控制，从而提升汽车的性能。大众汽车公司很多年来一直侥幸逃脱受罚，最终还是被发现了。该公司立刻致歉，与此同时也否认高管层对这一欺诈行为概不知情。大众汽车公司本应该做诚恳的自我反省，思考组织文化是如何导致这样的行为出现的，这样公众才会认为它真的为这种行为感到抱歉，而不是在事发后道个歉就完事了。

信任需要很多年才能建立，但是却可以在一瞬间丧失。危急时刻最需要信任，但是往往这个时候信任关系最为脆弱。人们很容易认为，在情有可原的特殊情况下，平时的正常经营原则不再适用。有时候，非常时期确实需要做出非常回应，但是组织核心价值应该依然保持正确。这些核心价值是组织基础——奠定组织基调，营造适宜的工作环境，同时渗透到组织对待客户的方式中。在危机期间抛弃核心价值很容易迅速破坏人们对组织与领导的信任。

2012 年，澳大利亚研究人员罗伯特·凯伊采访了澳大利亚著名公司的 50 名 CEO，想了解他们对弹性的看法。那项研究的一项有趣发现是，CEO 认为信任是弹性的核心：“最简单地说，如果无法预测其他人在压力之下会怎么做，就不能信任他们。这就使得人们会更多地关注自身福祉，从而潜在地损坏组织与周围人的利益。”

换句话说，信任的一大关键特征是要对处理问题的方式有信心。身为领导，不能只在对自己有利的情况下“做正确的事情”。只有坚持这样做，把它当作原则问题，才能赢得尊重与信任。

构建愿景

2005 年卡特里娜飓风期间，有 19.5 万户人家遭遇了停电。这就给密西西比电力公司带来重大挑战，需要恢复这个庞大客户群的供电。于是，该公司工程师开始思考如何完成这项任务，并想出一个计划，可以在 4 周内为这些客户恢复供电。

工程师提交该计划后，密西西比电力公司总裁安东尼·托帕齐走到白板前，写下“9-11-05”几个数字，意为 2005 年 9 月 11 日。安东尼勇敢选择了这个恐怖袭击日，并赋予其积极含义。于是公司上下便将它定为目标，打算在 9 月 11 日让所有人家恢复供电——当时离目标日期只有 12 天。

将 4 个星期缩短到 12 天，这显然是个弹性目标。但是，确定挑战后，密西西比电力公司工作团队便很清楚他们的目标，最重要的是公司支持他们实现该目标。如果说需要是发明之母，那么安东尼的做法表明："打常规牌是行不通的。要想出新的做事方法。"员工得解放思想。

这个故事了不起之处在于工程师们竟然做到了——能够通电的家家户户在9月10日夜幕降临之时便实现了恢复供电，比既定目标还提前了1天。

那么，他们是怎么做到的呢？事实上，他们只利用平日里1200名员工的劳动力便完成了相当于9倍之多的人才能完成的修复工作（下一章会详细叙述这个故事）。从领导力角度来看，密西西比电力公司通过严格履行公司价值——"充分信任、优秀业绩、全心承诺"按时完成了任务。这几句话写在每名员工的工作证上。

仅仅在几十年前，密西西比电力公司还是从上到下制定飓风应对策略的，由高层领导指挥该怎么做。该公司改变了工作习惯，设立了分权结构。工作人员向变电站下达简单任务：恢复供电。他们深受公司信任，被授权采取一切措施完成任务。公司程序不再那么重要，而是更强调随机应变能力。所有人都有权提出解决方案——包括州外工作人员。

在这样的环境下，创造力不断涌现。一名机工长从刨冰机上卸下一个发动机，来确保变电站正常运作。其他人从倒下的电线杆上搜集零部件。管理人员则打电话高价购买所需物资。结果却真的有效。由于目标简单、明确，员工完成了更多工作。

如果缺乏明确目标或弹性目标，往往就不会产生紧迫感或责任感。然而，亮出底线又感觉太过大胆。一旦表达清楚，如果最后没能实现弹性目标，很容易招致批判。虽然这样做存在风险，但是如果不亮出底线，风险就更大。大多数人都有过如下经历，那就是做事没有截止期限。人们很可能会突然意识到，一个月甚至一年过去了，却毫无进展，完全出乎意料。身为领导，必须为团队构建愿景，让他们明白如果齐心协力能有多大成就。

找得到人而且具有亲和力

鲁道夫·朱利安尼担任纽约市市长期间，曾为自己制定一条原则，那就是必须亲历所有危机现场。他希望亲自评估一手情况，因为他认为其他人提供的危机相关信息有限，他们会以自己的眼光去感知某种情形，而且还可能扭曲事实。有的人认为危机很严重，其他人则可能觉得算不上什么。朱利安尼认为最好能亲历现场，以便做出自我判断。

朱利安尼亲力亲为的原则在很大程度上决定了世界贸易中心七号大楼纽约应急指挥中心的位置，该中心紧挨着市长办公楼。9 月 11 日，当飞机袭击世贸中心大楼后，应急指挥中心也没办法正常使用了，因为它紧挨着世贸中心北塔。

北塔倒塌后，其残骸飞进了世贸中心七号大楼，因此楼内人员必须立刻转移。倒塌还引发了火灾，导致整栋楼最终全部倒塌。市长如今面临着有生以来遇到的最大危机——而且其团队不可能像往常一样依赖于各种设备、通信或系统。

朱利安尼将应急指挥中心的选址设在离潜在恐怖袭击目标这么近的位置，这个决定令人质疑。他接下来的决定则让世人真正了解了他的领导风格。面对纽约市中心的一片废墟，他必须决定另一个指挥中心的选址。最直接快捷的候补指挥部便是附近警察署，但是那里却停电了。另外一个功能性候补指挥部位于布鲁克林，即布鲁克林大桥正对面。然而，朱利安尼却不愿意离开曼哈顿。他不希望离开袭击地址半步，因此便选择动用附近警察分局的模拟指挥中心。

朱利安尼在其《领导力》一书中诠释了身处市中心——位于袭击现场附近——的重要性。“我希望消防指挥官能和我面对面，看着我的眼睛说话，然后切切实实给我个评估结果。”他写道。

任何人想要就从未经历过的事情做决定都很困难。听描述现场情形的书面或口头报告和亲历现场观察，体会完全不一样。

朱利安尼刚到市中心时，得知世贸中心大楼内的人员都在拼命跳楼逃跑。但是，他很难想象有人会从 100 层高的大楼往下跳。他抬头只看到大楼残骸不停跌落，却没看到一个人。因此，他认为之前听说的都是夸大其词。

然而，后来，当他再次抬头向上看时，亲眼看到有人从窗户爬了出来往外跳，才真正体会到这次事故的严重性。之前他认为自己面对的只不过是普通突发事件——他们预料到会发生的事情，也能处理好——这时，他才认识到这次危机要比之前经历的所有危机都更加糟糕。他明白此次危机超出了预测，因此需要想出新的解决办法。

每当看到政治领袖前往灾难现场视察时，公众往往会冷嘲热讽，但是上述事件足以说明他们亲临现场至关重要。只掌握现场报告和动态还远远不够，领导必须对事故现场形成自己的看法。在“9·11”世贸中心遇袭期间，亲临现场指挥是朱利安尼领导力的一大关键表现。

危机期间，领导者会遭受各方压力，不可能去每个地方视察，也不可能和所有人沟通。因此，领导者必须认真考虑应该对谁担负领导责任，同时与他们保持联系。领导者必须了解直接报告以外的信息，还应该对前线员工担负领导责任。

有很多情况或许不适合领导者亲临现场，要么出于安全考虑，要么因为领导去其他地方更有助于解决问题。事实上，应急指挥中心的工作人员经常说，高层领导在现场很容易分散大伙儿的注意力，不利于事故处理进展。因此，身为领导者，该如何在确保员工继续手头工作和亲临现场并展示领导力之间做到平衡呢？

我建议领导者可以找时间和员工沟通。比较正式的方式是，要求员工定期简要汇报工作，也可以找非正式机会各处转转，看看组织员工进展如何。遇到倒班时间，可以在员工离开之前抓住机会和他们聊几句，询问他们今天过得怎么样；也可以利用休息时间或午餐时间坐下来和大家聊一聊——不聊工作，只了解一下他们过得怎么样。

萨德·艾伦曾经说过，“处处需要领导”。朱利安尼面对处于危机的城市，以及需要协调的复杂恢复工作，竟然腾出时间参加了“9·11”恐怖袭击中丧生的200人的葬礼。因此，不要低估亲临现场的重要性。

打造团队

迄今为止，本书大部分内容围绕个人领导力展开。但是，有一大误区是，身处前线的出色危机领导只身便能够把所有人的工作都安排得井井有条。单靠一个人是做不到这一点的。组织不但需要富有号召力的领导，而且需要领导团队。但是，如果组织领导不重视未雨绸缪该怎么办呢？

不幸的是，研究证实了很多人担心的这一点，很难调动高层领导发挥好危机领导力的积极性。冷战期间，很少有美国总统愿意定期参加五角大楼的演习。最近，高层政府领导同样不愿意参加危机领导力演习，主要提出三大理由——没时间、没必要、没钱。原因包括：任何危机都是独一无二的，因此根本不可能做到未雨绸缪；常规运作程序和大纲根本没用；既然危机总是出人意料，不如不演习，也不要误以为已经做好准备，而是应该保持开放心态，努力适应危机，具有创新意识；如今危机不断，日常管理工作就等同于危机管理，因此没必要专门训练。

2000 年年末，新西兰坎特伯雷大学当属危机预防意识最强烈的大学了。该大学制定了应急预案，操作团队也会定期演练。但是，公平而言，高管人员参与预案演练的时间却少之又少。

2009 年，坎特伯雷大学开始改变这一状况，它设计了校内活跃射击演习，专门为了激发高管团队人员的兴趣。演习场景设计了两名枪手在校园里游荡，见人就开枪。已经有很多人受伤了，而枪手仍然在逃，最后一次是在学生公寓附近看到。坎特伯雷大学和新西兰警方武装防爆小组联合举办这次演习。武装防爆小组有机会考虑该如何在综合楼里逮捕手持凶器的暴徒。该大楼里有很多房间、走廊和楼梯，而且到处是无辜人士，其中有很多人都符合在逃凶犯的相貌描述。武装防爆小组让两名队员扮演暴徒，学生宿舍楼里到处是学生演员。演习场景相当逼真。

对于大学教务主任而言，这次演习为他敲响了警钟。演习开始不久，他便得知校园上空飞来三架直升机；暴徒在楼道里安装了摄像机，将现场情况直播到网上；袭击事件的消息一扩散出去，大学各路电话便开始响个不停。校园里当时有 1.5 万人，但是教务主任却没办法告诉他们该怎么办。

经过几个小时的场景模拟，演习以两场感人的演讲告终。其中一场是由一名学生做的，弗吉尼亚理工学院枪击惨案发生时这个学生就在现场；另外一场是弗吉尼亚理工学院的一名客座讲师做的——两人都谈了弗吉尼亚理工学院处理枪杀事件给他们留下的印象，那场惨案导致 32 人丧生。这两场演讲带来了巨大的情感冲击——高管团队这才深刻认识到处理好这类危机有多重要。这次演习成为坎特伯雷大学的转折点：该大学高管团队认识到一定不能再忽略或遗忘应急管理这项任务了。此后，高管团队便会时不时问什么时候举办下次演习。

总之，只有之前经历过危机的领导，或者经历灾难后形成应急亚文化的社区才会重视危机规划。如果某一组织缺乏集中关注应对危机的领导，首先应该让他们从思想上认识到危机响应防范工作的重要性。坎特伯雷大学举办的活跃射击演习非常有效，因为它指出了两个重点：演习本身合理说明了提高大学危机响应能力的重要原因，而经历过类似危机的人所做的演讲使得人们愿意做好充分准备。

组织领导力也需要深度。虽然迄今为止本书主要关注组织高层领导，但是不止组织高层领导很重要，组织处处需要良好的领导技能。大型组织好比高度复杂的适应系统——高层领导团队几乎不会对组织行为产生直接影响。

新西兰基督城地震发生后，尼拉康德和伯纳德·沃克带领研究团队探究了关键基础设施组织内部的领导力性质。研究发现，震后员工对组织的敬业更多地取决于一线经理人的领导能力，而非组织高层领导的决策。在有些情况下，即便组织在危机期间采取了恰当策略支持员工，如果员工的直线负责人情商不够高的话，他们仍会感觉自己与整个组织产生了距离。

无论在危机发生前，还是危机期间，都应该花时间支持经理人成为最佳领导。还需要制定机制识别不能为员工提供良好领导的经理人，思考该如何解决这一问题。保留差领导不但会严重影响组织常态经营业绩，而且会导致一小部分员工在危机过后感觉自己无足轻重、没人关心，进而辞职。

适时提供正确领导力

很多人都谈到危机时分需要果断的命令——控制型领导力。而事实上，这种领导风格作用也很有限。领导力需要随着组织所处的不同阶段（危机前、危机最严重时期，或者恢复期）不断发展。领导者需要根据不断变化的需求调整领导方式。

暂时后退一步，想想你具备怎样的领导风格。每个人的领导风格都不一样。从弹性角度来看，没有哪种领导风格是完美的。有必要搞清楚在具体情况下你的领导风格具备哪些优点，存在哪些缺点，并确保根据需求进行调整。

领导风格很重要。丹尼尔・戈尔曼发现，领导风格对企业业绩也会产生重大影响。出色的领导不会仅仅依赖于某一种领导风格，而是会根据不同情况随时转变风格：

“跟我来”领导风格——激发人们实现愿景	这是最高效的一种领导风格，无论是在危机时期还是常态经营中。不过，它需要领导者对需求具备明确认识。如果缺乏这一点，可以借助“你认为如何”这种风格来首先形成愿景
“员工优先”领导风格——建立情感纽带与支持	这种领导风格展示了感同身受以及对人的真正关心。用得好有助于鼓舞士气，提高员工敬业度。当人处于危机时，这种领导风格非常重要。当企业利益与个人利益发生冲突时，就会遇到挑战
“你认为如何”领导风格——通过参与达成共识	这种领导风格需要聆听技能。它的好处在于参与制定决策的人更容易“相信”这一决策。多角度考虑问题也有助于改善决策。不过，风险是可能需要召开多次会议，花很长时间决策。因此，可以考虑设定讨论时限，来平衡讨论速度与达成共识
“以身作则”领导风格——设定较高的业绩标准	为他人制定弹性目标，鼓励他们取得比想象中更多的成就，这种做法非常有效。不过，如果单独使用，这种领导风格很容易太过强悍，令人难以招架，并产生消极影响，尤其是如果领导者为了确保达成目标而管得太细。如果与“教练式”和“肯定式”领导风格结合使用，“以身作则”就能够实现意想不到的结果
“教练式”领导风格——为未来培养人才	这种领导风格旨在发挥组织最大资产的最佳潜力——人员。它主要关注个人发展，而非组织业绩，因此能够长期保持弹性。为了学习，我们有时候需要犯错误。这种风格在高压情形下效果并不好。因为在高压态势下出错会带来严重后果，除非已经制定了某种安全保障，能够确保不良决策或行动在造成危害之前得到补救

续表

“这样做”领导风格——需要立即服从	这种领导风格往往被描述为“指挥—控制”型。如果在危机时期人们不知所措，同时又需要采取紧急行动，这种领导力就非常有用。但是，不能经常采用这种风格。谁也不喜欢受他人指使。如果领导者总是很强势，就会危害组织业绩

弹性领导力需要将上述所有领导风格均衡使用：在危机初级阶段采用“这样做”领导风格，从而激发响应。然后再均等采用“员工优先”“你认为如何”和“教练式”领导风格，来激发员工的最大潜力，确保做出稳健决策。之后再稍稍“以身作则”，便于制定弹性目标，取得卓越成就。不过，需要采用最多的是“跟我来”领导风格，它能够通过打造组织愿景赢得员工支持。

小结

以下是本章重点内容节选：

- 优秀领导不止需要发挥领导作用，还需要展示领导力。
- 明确自身立场，并恪守核心价值。
- 要想让他人服从领导，需要给予他们希望，并描绘美好未来愿景。
- 关注下属——想办法做到具有亲和力。
- 单靠一个人是无法完成的——要组建团队，激发他人的出色领导力。

- 成为弹性领导没有完美途径——优秀领导必须随需求变化调整领导风格。

快速入门指南：危机时刻能够沉着领导

组织遭遇危机时，可以将以下几点作为试金石，看看自己是否具备带领组织度过危机的领导力：

不要试图独自领导	要利用可信赖的领导团队。寻找多种角度，确保重大决策经得起压力测试
创造电梯交流机会，告诉他人你想要达到的目标	明确表达你希望在危机期间达到什么目标，以及哪些是重点。激励他人去实现目标
保持战略重点	不要在应对危机工作上管头管脚。越是纠结于细节，就越领导不好
恪守核心价值	想想什么对你和组织比较重要，千万不要因为处在危机高峰而丢弃重要东西
领导时心脑并用	一定得让他人知道你关心他们，而且会一心一意支持他们。一定要在现场，让大家找得到，这样他们就会知道你在守候着他们
帮助他人	借助关系网、同事和朋友建立支持网，这样他们就能帮你度过危机。如果他们遇到危机，你也同样会伸出援手

弹性举措——培养弹性领导力

本书结尾部分提出了大量举措，可供组织用于提高弹性。直接涉及培养弹性领导力的举措如下：

11. 自我评估并积极提升自身领导技能。

12. 应对战略困境。

13. 俘获心灵与思想。

14. 培养低层和中层领导的领导技能。

15. 危机时刻授权员工去领导。

16. 组建危机领导团队。

43. 在掌握部分信息的情况下做决定。

56. 开展良好的决策实践。

58. 制订良好的接班人计划。

63. 将弹性作为组织目标。

64. 在日常工作中植入核心价值。

66. 保持战略重点。

第 3 章　员工积极性——敬业团队

玛丽是一家大型城市医院重症监护室的护士。她现在非常担心，因为她得做一个决定——今天她该去上班吗。丈夫恳求她请病假。他说：身为三个小孩的妈妈，她怎么能让他们冒风险？如果她去上班，就得照顾 SARS 患者。玛丽拿不定主意。她认为自己的主要任务是保护孩子，与此同时，她又有强烈的责任感，想去一线支持同事。她究竟该怎么办呢？

2003 年年初，中国、加拿大、新加坡和越南成千上万的医务人员都面临着和玛丽同样的问题。SARS 一开始席卷全球时，人们对它的了解微乎其微。唯一清楚的便是，这种病毒极易传染，已经导致十分之一的传染者丧生。老年人感染上这种病毒更容易致命——65 岁以上的老年人得了这种病后有将近一半没了性命。

SARS 刚刚爆发后，谁也不知道这种病毒是怎么传染的、能够存活多久，也不知道感染该病毒的人多长时间后会传染他人。人类社会正濒临 SARS 病毒大流行的边缘，负责治疗被传染病人的医务工作者很快也感染上了该病毒。在加拿大，43%的 SARS 患者都是医务人员。

时至今日，仍然没有研究出治疗 SARS 疾病的方案或疫苗。

那么，医务人员去上班了吗？世界各地的答案都是肯定的。虽然有报道称一些医生和护士不愿意接触疑似 SARS 病患，整体而言这并不是主要问题。事实上，一些管理者发现，说服那些出现 SARS 症状的医务人员待在家才是更大问题——许多症状轻微的医务人员这么向医院报告。

对于玛丽而言，那天考虑是否去上班需要权衡优先次序相互冲突的两种情况——家庭和工作。本章内容将探讨逆境时期人们为什么依然去上班，并尽可能给予自己能给予的一切，以及组织如何才能想办法让情况对自身有利。

仅仅因为组织不属于医疗保健机构，并不意味着玛丽面临的处境与组织无关。任何危机，不管什么时候来袭，都会出现艰难时期。在许多情况下，危机响应阶段都属于“英雄时刻”——所有人都投身其中，并感觉到强烈的同事情谊。等最初的冲动与激情渐渐消散，情况往往就会进一步恶化，恢复过程漫长而又艰辛。如果人们发现投入工作后再也无法得到回报，就会选择离开，而那个时候正是组织最需要他们的时候。

组织确实需要人。当团队处于压力之下时，人员是否能够团结一心会决定组织成败。

我们在追踪基督城地震后企业恢复情况的过程中发现了这一点。全市所有企业建筑物都遭到了毁坏，机器、仓库、基础设施受损严重，居民区都无从进入。尽管面对这一切损毁情况，企业仍然告诉我们，灾难的人员方面最具挑战性。

因此，如果人员是组织弹性的重要组成部分，你怎么知道团队是否称职呢？以下问题有待考虑（图 3.1）：

——在迅速变化、不确定的环境中，团队成员称职吗？

——团队成员是否敬业，并加倍努力做好事情呢？

——他们能密切沟通，并很好地合作吗？

——遇到困难时，团队成员能否得到支持并做到齐心协力呢？

图 3.1　培养敬业团队的基本成分

假如上述某一问题的答案是“很可能不会”，那么组织就得做一些工作了。拥有优秀员工，同时能够发挥他们的最大潜力不可能在一夜之间实现，尤其是在面对巨大压力的情况下。但是，一旦做到这一点，奇迹就会出现。

称职——技术精湛，经验丰富，能够随机应变

美国弹性项目小组的黛比·凡·奥普斯托在说明能力的重要性时采用了巧妙比喻。她说这就好比演奏爵士乐。爵士乐是即兴创作的终级表现——乐师们以复杂的方式去适应，依存彼此，结果可能造成不和谐的混乱，也可能成就纯粹的天才佳作。要想演奏出美妙的爵士乐，乐师必须具备出色能力——如果他们连基本演奏技能都难以驾驭，就不可能做到随机应变。

我非常喜欢她的这个比喻，因为她概括了人们对称职员工的期望。组织不但希望员工能够完成分内工作，而且希望他们在工作岗位上足够自信，必要时能够见机行事。组织还希望员工视野开阔，这样即使普通做事方法行不通，他们也拥有足够知识、信心与见解，从而找到解决问题的其他办法。

不过，不必等到危机来临时才培养团队处理意外情况的能力。假如组织可能遇到的很多危机中存在共性问题，可以提前找出这些问题，并训练应对能力。

在培训军事人员，帮助其熟悉武器时，通常要求他们把枪支拆开，然后再组装起来。每一步都分解为简单步骤，并一遍一遍重复。渐渐地，他们组装速度越来越快了。熟练之后，他们就会开始练习蒙上双眼组装武器，一直到组装枪支像盲打一样熟练。盲打时，不需要考虑字母在键盘哪个位置——因为你很清楚。

人们在感知到危险时，往往会产生直觉反应。身体会分

泌皮质醇激素，提示身体各个部分要警惕威胁。在准备应对危险时，心跳会加速，血压会上升，呼吸会加速，同时肝脏也会释放更多的糖分到血液里。这时，身体已经准备就绪将要采取行动了。

与此同时，人们也会从内心准备应对危险。处于求生模式时，人的内心会敏锐起来，从而使本能反应变得迅速。不过，内心的关注重点也会变窄。这就意味着搜集各种信息来源的能力会大幅度下降，同时思考复杂问题的能力也会锐减。

了解这些后，还需要采取一些关键步骤帮助团队做好应对危机的准备。在应对初期，需要采取本能行动。为什么要定期举办消防演习呢？因为这些演习能够让人脑将火警和正确的响应策略（而且，还可以顺带检验采取这些行动时是否会出现不可预知的问题，比如消防通道堵塞、楼梯过度拥挤等）关联起来。这些演习有助于养成本能撤退反应，不再需要深层次考虑警报意味着什么，或者该如何应对——因为你很清楚，此时的正确做法就是撤退。它会成为无意识动作，就像蒙上双眼组装武器一样。

虽然不可能详细制定该如何应对危机的方方面面，但是就高风险情况下需要做出的初步响应措施进行计划并反复练习非常重要。响应行动一开始，皮质醇激素会在全身流通，导致人体分泌大量肾上腺激素，因此难于思考问题。

团队至少应该精通如何启动危机响应。如果这涉及向行政主管发出危急请求，或者去某个特定的地点，抑或是采取其他行动——一定要确保每年至少开展 4 次这样的演习，选择不同的时间段，制定需要克服的不同顺序的挑战（比如电话会议设备出故障了，或者场地进不去了）。但是，最重要的是，一定要定期开展演习！同时也要考虑该如何减轻人们在响应初期的“思想负担”，比如可以采用一览表来确保关键步骤没有被遗漏。

然而，有时候根本没时间考虑，而是必须马上做出复杂决定。举个例子，警察通常会尽量让人质劫持事件进展放慢，这样就能更冷静地与对方谈判，但是有时候却不能如愿以偿。有时候，越是不好掌控局面，就越是得做出复杂决定。

可以通过开展作战模拟练习帮助人们应对这类情形。因为作战模拟能带给人们真实感，可以锻炼他们在身体分泌大量肾上腺激素时思考问题的能力。通过了解情景发展情况，人们会熟悉自己的直觉感受与反应，以及需要预防的相应措施。每次演习之后进行交流有助于大家思考自己的做法是否正确，以及在糟糕处境下可能会采取的其他方法。作战模拟一定要尽量真实，这样队员才能真正体会到生化反应。这样也有助于参与者记住这样的体验，而且如果出现类似真实事件，人体也能本能地采取相应的匹配模式。

还有其他两种重要技能有助于在人体分泌较多肾上腺激素时应对复杂问题：一是要想办法减少这种激素的分泌量。这一点比较难实现——不过非常有必要教给大家该如何“停下来、思考问题，同时深呼吸”。二是要考虑团队所处的环境是否非常繁忙、嘈杂。如果团队正在处理非常复杂的问题，一定要想办法让他们远离喧闹场所。他们真的需要当前状况的实时更新吗？让他们转移到别处工作，以便更好地考虑问题。

1970年，NASA尝试了飞往月球的第三次载人飞行任务。然而，“阿波罗13号”载人飞船启航后仅两天，就陷入了灾难。宇航员听到一声尖锐的响声，紧接着便感觉到飞船左右摇摆。警示灯开始闪烁，他们发现有只氧气罐似乎完全空了，有迹象表明第二个罐子里的氧气也在迅速耗尽。指挥官吉姆·洛弗尔朝窗外一望，发现：“我们正在往太空排放什么东西……像是某种气体。”这就证实了他们面临的潜在灾难。吉姆看到的正是从第二个氧气罐里泄漏的氧气。这也是他们拥有的最后一只氧气罐。

指挥舱失去了正常供电、光线以及水，而他们距离地球还很遥远。失去了热源，机舱温度迅速下降到接近冰点。由于航天飞船的燃料电池也是靠氧气来供应的，因此电源也切断了。为此，全体机务人员从主指挥舱撤退到了较小的登月舱。他们节约用水，但是最大的挑战则是如何让二氧化碳保持在无毒水平。

机舱里有足够多的氢氧化锂过滤罐，可以用来消除飞船上的二氧化碳。但是，位于指挥舱的方形过滤罐和登月舱环境体系的圆孔不兼容。他们在登月舱里待了一天半后，警示灯显示机舱里的二氧化碳含量已经上升到了危险水平。

我一直都记得《阿波罗13号》电影里航天员是如何组建了一支小分队，让他们远离指挥中心，把他们带到没有窗户的小屋，要求他们想办法在登月舱安装新的空气过滤器。他们把手头所有零件都摆在桌子上，要求小分队24小时内想出解决办法。小分队借助塑料袋、硬纸板和磁带，终于成功将方形空气过滤器放入了圆孔，这样宇航员就能安全返回地球了。

让小分队远离忙碌的主控制室理由很充足——他们需要好好思考，从而在良好环境中开展所需工作。

基督城大地震发生3天后，坎特伯雷大学就将整个管理团队从紧急控制中心搬到了10分钟路程以外的一个建筑里。这样做只有一个原因，那就是坎特伯雷大学需要降低大多数高管的肾上腺激素水平，使他们能够不必考虑正在面临的突发状况，而是从长远出发对学校重建进行更富战略性的思考。

高压状态下，能够提高管理团队竞争力的一个更高级的技巧是，尽可能让“不寻常”变得“正常”。

电线公司通常不会在得到通知后短时间内为1万人解决食宿。但是，卡特里娜飓风来袭后，密西西比电力公司就面临着这样的挑战，因为当时它调集了全美员工前来帮忙恢复供电。虽然该公司没有预先规划，但是却想办法实现了这一目标。员工知道该做什么，也做好了准备发挥应有作用。

密西西比电力公司规模不大，只有1200名员工。因此，它很清楚内部资源不足以应对每次飓风。于是，公司想出了一个办法，虽然简单但是很完美，不但能够利用自身大部分资源，而且还能在需要时引入外部援助。

密西西比电力公司开发了一个成熟项目，与美国其他电力公司达成了互助协议，而且会定期落实该协议。公司定期利用并实施部署互助协议，而不是将其当作万不得已的措施。这就意味着公司非常善于整合并支持外州员工。

所有人，上到公司CEO下到接电话的员工，都很清楚危机时刻自己的角色任务。举个例子，营销部清楚它的任务是为外州员工提供食宿与设备。卡特里娜飓风来袭后，营销部团队为1万多人提供了食物，这在灾区绝非易事。有些员工一直在加班，没时间回家，营销部便制订计划帮助这些员工的家人，组建家庭援助队，帮忙清理倒塌的房屋，照顾亲属。组织上下都积极努力为受灾社区恢复供电。

该公司之所以能够成功完成任务，是因为员工早就清楚自己需要做什么，并积极去准备。

敬业——能够参与制订解决方案

一天，有个朋友谈起她对现任老板的感受，而她的那番话很好地总结了员工敬业度。

她说："我很喜欢这份工作——喜欢我们做的事情；喜欢我参与其中的角色；也很开心自己能发挥重要作用。正因如此，我会尽我所能做事，促使我们成功。如有必要我甚至还会求助于母亲。我之前曾在多家组织工作过，但是从来没有像现在这样为了组织利益动用人际关系。"

敬业的员工会将体能、认知能量以及情感能量都投入到工作中。他们会用双手、头脑和内心为组织做贡献。员工敬业度和工作满足感不是一回事——你或许并不倾心于老板，但是对工作却很满意。敬业的员工不但会做好分内工作，而且还会自发努力促进组织实现目标——还非常情愿。

过去10年间，员工敬业度越来越受到学者与实践人士的关注。虽然已经有了很多发现，但是需要学的还很多。关于员工敬业度是什么、应该如何衡量、哪些条件能够提升员工敬业度，以及员工敬业度会带来哪些结果等问题，依然存在争论。

不同的研究人员会采用不同模型来描述激发员工敬业度的因素，但是都包含以下几个主题：

- 员工在多大程度上能够理解自身角色，并将其付诸实践；
- 员工对组织愿景或使命的重视程度，以及认为自身角色对实现愿景的促进程度；
- 员工认为自身工作在多大程度上得到认可与重视；
- 员工与其他人的职场关系性质，以及他们认为通过工作实现自身发展能够得到多大支持，以及面临多大挑战。

换句话说，员工应该做到称职、敬业、紧密联系，并赢得支持——提升组织弹性同样需要这几个条件。不过，在危机时期，重要的不只是敬业——研究发现，员工敬业度也和良好的组织业绩密切相关。举个例子，一项元研究（该研究聚集了其他大量研究得出的结果）核算了7939家业务单位的综合性能指标。这些性能指标综合考虑了那些单位的财务状况、客户满意度以及员工流动率。接着，他们比较了每家业务单位的业绩分值与员工敬业度，想看看二者之间是否存在关联。比较发现，员工敬业度高于平均水平的组织其业绩成功评级平均达到63%，而员工敬业度低于平均水平的业务单位这个数值只有37%。

2010年和2012年，新西兰航空公司两次荣获世界航空运输“全球年度最佳航空公司”称号，相当于航空运输业的奥斯卡奖。然而，这家航空公司并非总是这么一帆风顺。

和瑞士航空公司一样，“9·11”恐怖袭击爆发那个星期，新西兰航空公司的日子也并不好过，问题的根源并不只涉及恐怖袭击，而是这家航空公司在其他几家航空公司进行了盲目投资。不久前，它购买了澳大利亚安捷航空公司，但很快发现自己每天都损失1300万美元。

2001年9月14日，澳大利亚安捷航空公司倒闭了，而且差点将新西兰航空公司拖垮。当时，再过20分钟，新西兰航空公司就面临着被宣布破产，这时新西兰政府出资高达8.7亿美元帮助其摆脱了困境。但是，单单资金注入根本无法解决新西兰航空公司面临的问题，公司员工已经丧失了信心，其竞争优势所剩无几。

公司高层指派罗布·伊夫想办法让新西兰航空公司复原。罗布是组织新人，最近被任命为首席信息官。综合考虑后他认为新西兰航空公司唯一具备的战略优势便是它属于新西兰。

罗布和团队通过与国际游客开展多次小组讨论，认识到游客看重的不只是新西兰的壮观美景——他们一直在谈论新西兰人的友好、脚踏实地与率真。因此，他们决定打造一家强调员工可靠性与个性的航空公司。

后来，罗布晋升为 CEO 后，摈弃了“愿景、使命与策略”等说辞，开始谈人员对组织的重要性。1.15 万员工都得到了机会与责任，去做自己，并以新西兰人的真诚和积极态度与员工、客户和供应商建立友好关系。

组织方方面面开始渗透“做自己”“热情欢迎朋友”以及“分享新西兰”等理念。这些理念最终也塑造了新西兰航空公司的市场声誉。

罗布成功践行了他所宣称的理念。身为 CEO，他强调要与组织每一名新员工当面会谈（该公司每年都新进 1000 多名员工）。他还亲自回复每一封客户来信，无论赞美还是抱怨，并与所有员工公开分享，这样他们就能认识到自身态度与行为对客户经历所产生的直接影响了。

罗布通过有意在新西兰航空公司打造文化与“个性”，促使员工获取信任、支持与授权，从而让新西兰航空公司扭转了命运。

用罗布·伊夫的话来说：“如今，我们公司 88.9%的员工认为与公司存在紧密联系，3 年前，这个数值只有 68.5%。我们公司在市场上的声誉有助于打造员工文化，反之亦然。客户服务水平也和越来越强烈的员工敬业度与联系感紧密关联。”

正是这种敬业程度为新西兰航空公司赢得了 2010 年度最佳航空公司的殊荣。当时，该公司灾后复苏工作才持续了仅仅 9 年。

紧密联系——整体大于部分之和

谁也不掌握解决某一复杂问题的完整答案。将拥有不同领域技能、经验以及背景的人聚在一起是有效解决危机的关键。通过齐心协力，我们能够更快得出解决方案，而且往往也更温文尔雅。

> 戴夫·帕森斯多年来一直在澳大利亚水利部门工作。这个部门和其他许多部门一样，也面临员工老龄化，以及辞职人数持续上升问题，员工经常转换岗位，甚至跳槽。于是，戴夫便借助三代人团队理念，想办法抓住一起共事的离散团队提供的机遇。
>
> 和戴夫一起共事的人当中有一些经验非常丰富——他们在该组织工作多年，很清楚事情的运作方式。他们记得制定体系采取某种特定方式的原因，了解各种借口与猫腻，对整个体系也有大致了解，知道该如何匹配。他们掌握了组织正规信息以外的信息。
>
> 还有一些员工比较年轻，看待世界的方式与年长的同事截然不同。他们技术娴熟，在社交媒体中游刃有余。尽管他们很可能经验不够丰富，但在看待事情的处理方式上却不存在任何偏见。
>
> 危机时期，我们需要多样性与不同观点才能激发好主意。三代人团队理念旨在将不同观点整合起来，以便创造性地解决问题，前提是确保每个团队中都有三代人的代

表。同年龄组的人组成的团队能力有限。如果联合起来，就能组成强大团队。

和戴夫谈论这些三代人团队的实际运作时，他说往往一些小事情比较重要。举个例子，在一次洪水事件中，高级工程师想借助市区地图说明洪水目前的位置，以及哪些关键基础设施受到了影响。一名年轻员工看到大家想象工程师的描述很费劲时，便打开谷歌地图。他用街景地图将自己置身于水位边缘，然后沿着洪水边缘走了一圈。在他自己看来，这样的做法没什么特别之处——他日常生活中经常用到类似街景地图这样的工具。但是，一旦采用这个工具，就很容易说明问题的严重程度了。人们就能够看到洪水已经漫延到了哪些建筑，以及接下来还有哪些建筑可能被淹没。

我之所以喜欢三代人团队这个案例，是因为它有很多好处。这样的团队有益于组织日常运营，通过让年轻员工与资深员工积极合作有助于提升年轻人的技能，也有助于让资深员工分享隐性知识，并将其传承给下一代。还有一大附带好处，即它有助于提升组织弹性——提高创造性解决问题的能力。

与同事密切沟通，并良好协作有助于很好地应对快速变化与危机带来的不可避免的工作量剧增。弹性组织应对危机的态度是“一荣俱荣，一损俱损”。因此，组织内部其他人也会出力帮助受危机影响最为严重的那些人。

看到这里，我相信你会认为危机期间显然需要整个组织做出响应。然而，我们发现，当组织一个部门在尽全力处理重大问题时，其他部门往往会继续无视。

想想你所在组织不同部门协作状况如何。是否像“团队”一样发挥作用呢？如果组织在日常业务中都做不到这一点，就别指望它遇到危机时能够突然像团队一样发挥整体作用。这方面能力需要培养、练习：要定期利用跨组织团队解决常态问题；改变办公室布局，营造能够把员工团结起来的工作环境；制定关键绩效指标来奖励合作与积极行为。打造组织内部良好联系有无数种方法。

社交网络对于业绩非常重要。研究人员从 37 项不同研究中搜集了数据，并分析了有关 3000 多个团队的数据，包括大企业的生产线协作团队和高管团队，以及军事团队。团队成员之间联系紧密更容易实现目标，也更容易长久保持团结。

不仅与工作相关或任务相关的联系（比如某人之前是否和其他人共过事）非常重要，社会关系和友谊也很重要。事实上，工作和社交联系对团队业绩的影响程度相似。社会关系密切有助于提升团队生存能力——团队保持团结的时间。

团队成员彼此了解、关心并能够良好协作，有助于提升业绩。此外，从弹性角度而言，得到支持的人往往也能更好地应对高压和不确定情形。

赢得支持——帮助他人保持弹性

众所周知，有些人比其他人更善于克服生活难题。心理学家多年来一直在研究一部分人比其他人更具弹性的原因。

20 世纪 90 年代，研究人员调查了那些高风险环境下仍能茁壮成长的儿童。这些儿童当中有很多遭到了虐待，接触了暴力行为，有的父母患有严重的精神疾病，但是这些孩子表现却还可以。因此，研究人员开始探究是什么赋予了这些孩子内在力量与适应能力，从而使他们免受环境影响。研究得出了大量有助于培养这些儿童弹性的特质：自主性、自尊、自我控制能力（相信自身努力能够影响周围环境），以及自我效能感（相信自己能够实现目标）。随后，其他一些特质，比如乐观与自我决定（他们的行为在多大程度上属于自身选择），也被认为有助于提升弹性。

2000 年早期，这一关注点开始转移。研究人员不再认为弹性是人类个性的内在特质，而是开始想办法采取各种应对策略积极培养弹性，帮助个人在面对变化时做到灵活，保持稳定情绪。例如，朋友、家人以及其他援助服务机构的支持能够起到缓冲作用，有助于缓解外界影响，并保持更高弹性。

对于组织而言，积极招聘同时具备特质与能够促进组织弹性的应对策略的人是非常明智的做法。但是，只“聘用弹性较高的人”并不能保证他们在需要时保持弹性。久而久之，人们的弹性水平会自然而然发生波动。重大生活事件，比如家人去世、婚姻破裂或者失业，都会毁掉人的弹性；有些人或许曾经能够应对这些事件，但是会突然经受不起未来的生活冲击。

坎特伯雷地震发生后，该地区的健康医疗委员会和新西兰心理健康基金会联合起来，帮助当地人保持个性和团队弹性。他们发起了一项运动，名为“你还好吗”，鼓励坎特伯雷的人们关注自身健康。这场运动第一阶段持续了 6 个星期，主要围绕“让经历正常化”——帮助人们认识到他们之前的感受很正常，任何刚刚经历过重大灾难的人都会有这样的感受。第二阶段集中开展“检查”——帮助人们停下来思考自身以及他人健康，并采取小步骤落实它。第三阶段主要围绕“社区健康”——提供机会与资源，帮助人们齐心协力改善健康。这项运动的最新阶段主要关注“情感辅导”——帮助人们认识到在情感上摆脱灾难困扰需要 5 年到 10 年，而且在恢复过程中人们所处的阶段不同。这一绝妙运动集中改善公众在灾后的长期心理健康，其中包含一些非常好的主意，可以直接运用于任何组织，帮助员工从重大危机中恢复元气。

“你还好吗”运动的核心包含提升健康感的五大简单原则（被称为每天 5+——和每天 5+吃水果和蔬菜的健康饮食指南有点类似）。实现健康的五大方式是由英国政府心理资本与精神健康未来项目提出的。该项目广泛调研了能够更好地证实影响个人从生到死心理发展与健康识别因素的科学证据。研究团队从这一项目中得出结论，认为个人可以采取五种简单行动积极改善身体健康状况。

实现健康的五种方式是：沟通、给予、关注、坚持学习、积极进取（图 3. 2）。这些简单行动谁都可以做到，有助于提高他们应对逆境的能力。

新西兰心理健康基金会提出了实现健康的五种方式，并开发了一些简单工具，帮助人们融入日常生活。其中一个例子便是健康游戏软件，用来在日常生活中激活这五种方式，实现生动的健康体验。它鼓励人们反思并分享他们每天是如何沟通、给予、关注、坚持学习以及积极进取的。研究人员现在也

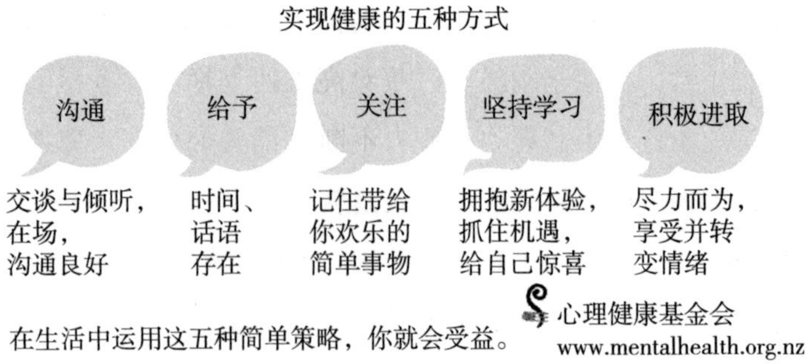

图 3.2　实现健康的五种方式（经新西兰心理健康基金会许可后复制在此）

开始尝试将健康游戏这类工具运用于职场，以便提升组织弹性。

拥有弹性员工并不意味着组织或团队也一定具有弹性，尽管二者之间相关联。人们团结起来合作共事的动态表现有助于打造出与员工自身弹性水平不一样的团队。正是在这样的背景下，员工弹性这一概念（这个概念与个人弹性相关，但是又有一定区别）开始出现。

人们在行为方式上会模仿周围人。可以借助一些界定“做事方法”的显而易见的政策或惯例，也可以借助一些隐性指标，表明在某一职场哪些行为与态度可以接受，哪些不可接受。这就意味着组织文化会提升所有员工弹性，也可能会破坏弹性。

坎特伯雷大学的员工弹性 EmpRes 研究团队指出，员工弹性是一种能力，在组织支持下能够利用各种资源不断适应职场并实现发展，即便期间会遇到一些不利环境。该团队一直在努力研发调查程序，用于评估职场人士的弹性行为。其中问到以下问题，包括：人们是如何有效与他人合作，处理意料之外的挑战；他们是如何应对高工作负荷的；如何应对职场危机；如何吸取教训；如何不断努力提升自我；如何应对反馈；如何寻求帮助；经理人是否具有亲和力；他们是否会将职场变化看作成长机会。

员工弹性量表不是为了评估个人弹性；相反，它旨在为影响人们职场弹性水平的行为与准则提供一定建议。要想更多了解组织是如何支持员工弹性的，请参阅本书结尾处建议 22。

小结

以下是本章重点内容节选：

- 当组织处于压力之下时，人员是否能够团结一心会决定组织成败。
- 肾上腺激素会降低我们思考复杂问题的能力。因此，就危机时期需要做出的初步响应措施进行计划并反复练习非常重要。
- 注重提升员工敬业度——敬业的员工不但会做好分内工作，而且还会自发努力促进组织实现目标。
- 团队成员密切沟通，并良好协作，有助于很好地应对快速变化与危机带来的不可避免的工作量剧增。
- 组织可以积极营造促进弹性行为的职场文化，从而提升员工弹性。

快速入门指南：面对危机能够关照自己人

组织遭遇危机时，一定要表现出关心。不仅需要用言语表达，而且需要采取行动积极支持他人应对危机引发的压力情境。人们希望你心里不但关心组织健康，而且也能想着他们的个人幸福：

取得联系	确保制订联络他人的计划，看看他们过得好不好，需要些什么帮助，并告知他们事情进展
要认识到每个人对周围情境的感受都是独特的	不要以为他人受到了多严重的影响——因为这取决于许多复杂因素
全面考虑问题	人生其他经历会对他们处理现状产生显著影响
不断提问	上星期表现好的人这星期很可能表现失常——要密切关注人们的表现
表示关心	表示关心不仅需要言语，而且需要态度、行为和行动
公平公正	不要存在偏爱——尽量不要遗忘组织任何部分
支持中层管理者	中层管理者应该努力做到最好——组织全部努力正是通过他们得到转化
联系他人	想办法使人员与团队团结起来。如果他们上班时间见不了面，还有其他相聚办法吗

要明白人人处于不同阶段	恢复过程充满了起伏跌宕。要营造组织文化，允许大家处于不同恢复阶段
不要低估恢复所需时间与精力	制订危机管理计划时，组织往往会忘记为人员制订计划。弹性组织网站上有免费小册子，里面就如何在长期危机中关心员工提了许多建议。小册子名为《要么满员，要么心塞》

弹性举措——提升敬业度

本书结尾处提出了组织可以用来提升弹性的大量举措。涉及组建敬业团队的举措包括：

17. 开展员工敬业度调查。
18. 为员工制定双重职位描述。
19. 让员工喜欢上职场。
20. 支持员工家人。
21. 做健康游戏。
22. 审视组织能否支持员工弹性。
23. 鼓励员工参与日常业务决策与挑战。
42. 与团队共同制订计划。
49. 使计划社会化。
50. 明确员工的不足之处。
53. 确保能联系到他人。
54. 提前准备好关键通信信息。

63. 将弹性作为组织目标。
64. 在日常工作中植入核心价值。
65. 打造乐观文化。

第 4 章　社会资本——拥有 3am 朋友

2011 年 2 月 22 日发生在基督城的地震对于坎特伯雷大学而言是最严重的灾难。一方面，因为地震爆发时正值周二中午，当时校园里到处都是教职工和学生；另一方面，因为那周是迎新周，即新学年第一周。

对于任何一所大学而言，迎新周属于一大敏感时期。坎特伯雷大学招来的新生还没有完全成为该大学的一分子——转学去其他学校轻而易举。新西兰地区其他大学那年还没有开课，非常乐意也有能力接受逃离基督城地震的大量学生。对于坎特伯雷大学而言，这是一场噩梦，因为它 2011 年不但会丢失生源，而且会引发激波效应，导致接下来的四年学生人数骤减，因为获得学位的学生越来越少。

坎特伯雷大学当时面临着财政亏空，因此需要迅速作出回应。当时的情况非常糟糕。校园里的 240 栋大楼几乎全部遭受了不同程度的破坏，因此被迫关门。还有一些建筑则需要拆除。基督城内没有饮用水。污水处理体系也被损毁了，而且大的余震接连不断。学校学生公寓里的学生被要求回家等待坎特伯雷大学重新开放的消息。

新西兰各地的家长开始怀疑把子女送回遭受自然灾害的城市是否明智。国际学生听说在基督城一所英语学校学习的 70 名外国学生因楼房倒塌全部丧生后，震惊不已。坎特伯雷大学确实面临着学生流失的风险，而且只有几天时间来想办法避免这种情况。

坎特伯雷大学的做法非常具有创新性。学校决定主动去帮助那些想离校的学生。但是，它需要朋友的支持才能落实这一策略。

一旦有学生去其他大学，无论待一个学期还是一年，他们再回来的可能性极小，很可能会在新学校结识新朋友，适应新课程与新环境。为了避免这种情况发生，坎特伯雷大学必须想办法保持与每个学生的联系，以及他们作为坎特伯雷大学一分子的认同感，即便有学生暂时去其他地方学习。

坎特伯雷大学开始收到新西兰以及全球的很多大学提供的帮助，它们同意接收它的学生。于是，该大学包机将学生送往澳大利亚，因为阿德莱德大学提出可以免去 167 名学生的学费，并通过寄宿家庭计划或者提供学生公寓解决这批学生的住宿问题。

还有另外 43 名学生去了英国的牛津大学，并将在那里学习一个学期。坎特伯雷大学给这些学生发放了 2000 美元的特别奖学金，帮助他们支付国际旅行费用。牛津大学各学院为这些学生免除了学费，还提供了住所。

有 67 名学生去新西兰境内其他大学做交换生，与坎特伯雷大学签署交换生协议的大学包括奥克兰大学、奥克兰理工大学、梅西大学、维多利亚大学、怀卡托大学和奥塔哥大学。参与交换项目的所有大学一致同意不再收取这些学生的任何费用。

所有交换协议的主要特点是，这些交换生仍然保留坎特伯雷大学的学籍。这一慷慨条件相当难得。这些学生当中有很多人已经交了注册费，同时还与学校签署了学生公寓和宿舍租用协议。允许这些学生保留坎特伯雷大学的学籍意味着，该大学不需要退还任何注册费用，而这笔钱当时属于学校的急需资源。

对于学生而言，交换项目为他们提供了美妙的“留学”经历。对于大学而言，该项目维护了其关照学生的声誉，更重要的是，它让坎特伯雷大学坚信等交换项目结束后学生必定会返回学校。

帮助坎特伯雷大学的那些学校都是它的“3am 朋友”。我最先是从戴夫·帕森斯那里听说这一理念的。戴夫当时是悉尼水利局的弹性经理人。他指出，3am 朋友指的是人们遇到麻烦后可以求助的那些朋友——即便在凌晨 3 点钟。这些朋友一发现你给他们打电话，马上会接电话，即便他们不必非得这样去做。不仅如此，这些朋友还很乐意在大半夜离开舒适的被窝，尽一切努力帮助你。

正如披头士的歌曲里面唱的那样，“我们在朋友的帮助下才得以过活”。很少有组织具备足够的内部资源去应付所有可能发生的事情，要么因为效率太低，要么不起作用。比较好的解决办法是组建朋友关系网，这样组织在需要时可向它们寻求帮助。不过，友情也需要维护——应该积极培养。本章会就组织如何这样做提出建议。

假设你打算画一张网络图，用来展示你认识而且在需要时可以寻求支持的所有人。在多数情况下，你可能会形成不同的关系网，代表你生活的不同方面——其中会包括家庭成员、朋友、同事，以及在各种俱乐部或团队中认识的一些人。你和其中一些人的联系会非常紧密（比如与家庭成员或亲密朋友），而与不太了解的那些人联系则相对较少，比如新同事。

如果你将关系网内了解彼此的人联系起来，就会发现一些新群体。比如，很可能你所有的好朋友都相互认识，而且他们也是朋友。不过，他们不大可能认识你通过其他生活圈子结识的人。因此，你的朋友或许不太可能认识你的所有同事（除非你定期举办聚会，把双方集合起来）。组织也是如此——可以画出组织在逆境中能够求助的“朋友”关系网（不管是个人还是组织）。

谈到关系网，以下方面有助于应对逆境时期。

规模

关系网规模指的是和你保持联系的人数。你与越多的人保持良好关系，在危机时期可以求助的资源支持就越多。然而，规模并不是社交支持网应该考虑的唯一因素，还需要结合其他三大重要特征考虑。

多样性

关系网的多样性也很重要。如果你只和具有相似背景和技能的人打交道，那么接触到的不同想法与知识就很有限。一遇到麻烦，如果你自己解决不了问题，就需要求助具有不同技能的人。假如真正能够解决问题的是玻璃工人，那么即便认识再多的水管工人也无济于事。不过，在你认识的那些水管工人当中，或许有很多人曾经在建筑工地上工作过，因此可能会认识一些玻璃工人。

连通性

连通性指的是你超越现有人际关系网的能力。世界上有些人拥有非常庞大、多样化的关系网。他们犹如关系网的枢纽——几乎没有不认识的人。如果你的关系网中有这样的枢纽人物，就相当于拥有通往其他圈子的桥接资本。不过，不一定非得和这些连接人物保持紧密联系。连接人物活跃于不同的社交圈子，认识一些你不认识的人。有时候，我们不太了解的那些人才更适合把我们带进原本没有意识到的关系网。

关系网里的这些连接人物是否愿意让你进入他们的关系网（比如利用他们的部分社会资本），取决于你希望关系网具备的第四大特征——质量。

质量

质量指的是你和他人之间的关系性质：你和他们之间的关系是否牢固，以及他们是否愿意在你需要时帮你。从根本上来说，就是他们是否是 3am 朋友，还是只能同甘不能共苦！关系网的质量是有必要考虑的重要因素。

建立有效伙伴关系

供应链是组织网络发挥作用的典范，也是考虑组织能否有效建立并维护关系网的良好起点。

组织弹性严重依赖于供应商和客户。组织往往会基于短期目标考虑选择供应链合作伙伴，希望尽可能降低价格，却不考虑供应商在非正常情况下提供优质产品或服务的能力，以及供应链合作伙伴开展建设性合作，处理复杂问题的意愿与能力。

要创建弹性供应链，仅仅确保合同安排正确到位还不行。如果说商品或服务无法交付给你，或许是供应商的问题或责任，但是，如果组织需要的供应不到位，还是组织自身的问题。

以前，我在教系统思维课程时，曾让学生做过一个小游戏，名称是啤酒游戏。它模仿了一个简单供应链，其中有制造商、经销商和零售商，所有人都需要确保啤酒库存保持在正确水平。如果库存太多，就会导致其蒙受经济损失；库存太少，又可能无法按时给客户供应商品，从而造成巨大的销售损失，也有损声誉。

学生分成了三组，分别代表制造商、分销商和零售商管理团队。他们在每一轮活动中都得决定需要从供应商那里订购多少箱啤酒（或者制造商那里订购多少产品）。每一轮活动代表一个星期，其中也存在时间滞后。从制造商决定生产啤酒，到可以将啤酒运送给经销商需要两个星期。如果零售商这周订购了 20 箱啤酒，那么到下星期才能运送到商店。这属于典型制度问题，但是由于三方没能彼此协调，因此难免会出问题。通常这样的游戏就陷入一系列从繁荣到萧条的恶性循环，直至有人出局。

这种游戏存在几大变量，但是零售商往往会以相对平稳的速度收到客户订单。零售团队主要关注提高及时订购能力，尽可能降低库存量，使盈利最大化。经销商和制造商也一样。前几轮的供应链运转良好，因为及时交付团队表现出色。紧接着，天气变暖和了，客户对啤酒的需求出现骤增。

需求增加只是个微妙变化——不足以引发团队恐慌。然而，慢慢地，零售商和经销商开始增加每周的订购量，使得体制延误引发了问题。要想将增加的订单告知制造商需要时间，额外供应啤酒并运送给零售商同样需要时间。

这时，零售团队开始着急了。他们好几个星期之前就下了一笔大订单，但是至今仍未见供应量上升。一方面，其库存不断走低；另一方面，客户需求却在稳步上升。零售商认为是时候采取大动作了。因此，它下了一笔更大订单，想保证产品供应。

由于经销商的产品库存已经耗尽，只能将制造商运输来的产品发给零售商，而订单量与交付量之间出现了严重失衡。经销商不希望继续保持这种态势，因此便大幅度提高了订单量，想重建库存。

与此同时，制造商发现产品销量出现了指数级增长趋势，于是便大幅度增加产品。一个多月后，制造商表面上像是稳住了局面，谁料到产品订单突然枯竭。温暖季已过，零售商和分销商突然发现库存量大到难以应付。接下来几个月都不会再有啤酒订单了。如今，制造商面临着现金流问题——它无法维持长期不生产的日子，因此很快也倒闭了。

啤酒游戏有意思的地方在于，几乎每次都会出现同样的结果。参与游戏的人知道在发生什么，但是却无力避免破产。管理团队的智商或意图一点问题都没有——之所以出现混乱主要是因为供应链体系的动态变化。我们随后与学生进行了探讨，研究如何重新设计供应链关系网，从而获得弹性结果。

啤酒游戏是供应链内部问题的简单表现。很容易有人认为，这样的情况绝不可能发生在当今成熟的供应链管理领域。但是，仅仅几年前，我有个朋友在一家大型办公用品公司工作。当时，她所在公司的主要竞争对手分配体系遭遇了危机。而对手公司的不幸遭遇不仅没有给她的公司带来好处，反倒像传染病似的在整个领域蔓延开来。客户听说其中一家主要供应商遇上麻烦后，也开始紧张了起来。突然间，他们不再根据日常需求采购办公用品，而是开始大批买进，“以防万一”。而我朋友的公司一面开始想办法满足客户的额外订单，一面也看到了客户购买行为的重大波动——某个月人们会疯狂下订单购买办公用品，下一个月则一件都不买。其分销体系出现了混乱。当对手公司解决问题后，市场最终趋于平稳，我朋友的公司也踏实了许多。

啤酒游戏当中强调的许多问题都可以借助现代化的供应链管理技术得到解决。延误可以被消除，供应链会变得透明，这样人们就能看到供需计划。供应链可以变得多样化，这样就不会出现单点失误。而不太容易充足的是供应链合作伙伴之间的信任度，以及它们是否乐意互相合作。

危机时期，各种关系都处于压力之下。由于组织相互协作有时候会给自身带来短期劣势，因此它们是否愿意继续共事取决于前几个月或几年已经建立起来的关系质量。

2013 年 8 月 3 日星期六，半夜，全球牛奶巨头恒天然集团向媒体发表了声明：“恒天然集团告知质量问题。”该集团刚刚告知 8 家批发商，它的其中一种产品浓缩乳清蛋白可能含有与肉毒杆菌相关联的微生物（这种微生物很罕见，并可引起瘫痪而危及生命）。乳清浓缩物是大量产品的构成成分，包括婴幼儿配方奶粉。

得知消息后，公众普遍表示高度关注。谁也不希望婴幼儿配方奶粉等产品出现任何安全问题。5 年前，一种含有三聚氰胺的婴幼儿配方奶粉导致中国 6 名婴儿丧生，据估计有 5.4 万名婴儿因此就医。由于恒天然集团的客户群对婴幼儿配方奶粉安全问题高度敏感，因此需要处理好这个问题。

乳清浓缩物被出售给全球大量不同制造商。恒天然集团在匆忙追溯受影响的产品时，很快发现其自身体系不足以轻易查明问题产品什么时候被销售到了哪里。这就导致整个产品生产线的安全出了问题，而不只是具体那几批问题产品。随着全球范围内的安全监管部门开始关注此问题，有几个国家明令禁止进口或销售恒天然集团的产品，同时制造商也开始发布产品召回通知。

但当人们听说恒天然集团早在几个月前就知道潜在的污染危害后，媒体风暴爆发了……

这一污染恐慌被追溯到了发生在将近 18 个月之前的一件事。当时，在对产品进行维护检查期间，有只手电筒损坏了，其塑料碎片掉进了一批乳清粉中。这批乳清粉被隔离了，但 3 个月后被返工。产品经过了再次加湿处理，用来筛选丢失的塑料碎片，然后做了干燥处理，成为粉末状。

通常不会对乳清制物进行湿润处理，因为这种做法需要一些临时处理。不幸的是，这种临时处理需要用到不锈钢管子（这种管子已经有两年时间没用过了）和两根软管。虽然这些管子在使用前都进行了两遍清洗，但是很可能管子某个地方有一种微生物，在等待合适的生长时机。

乳清产品中的手电筒碎片被清理掉之后，那批产品便被分销到许多不同的制造商那里，制造成了大量食品。

10 个月后，也就是 2013 年 3 月，第一个问题迹象浮现了出来。恒天然集团的一位客户得到的产品测试结果显示，其中出现了厌氧细菌孢子形成的细菌。那位客户立即调查了这一读数的来源，并追溯到了一种食品成分，即恒天然集团 2012 年 5 月返工的那批乳清产品。

造成阳性检验结果的原因可能在于多种微生物，其中一些无害，另一些则毒性很大。乳品加工业界一般认为，肉毒杆菌并非是由浓缩乳清蛋白引发的，因此觉得相关污染物几乎可以肯定属于无害微生物。尽管如此，恒天然集团还是做了进一步检验。

很难对肉毒杆菌微生物进行切实检测。最好的检测方法就是将产品喂给老鼠。如果老鼠没有死亡，说明产品是安全的；一旦有老鼠因此死亡，则说明产品存在潜在的不安全因素。这种检测方法有几个缺陷，尤其是老鼠也可以出于其他不相关原因死掉。

食用乳清的老鼠中有一只死了，因此无法排除肉毒杆菌的存在。于是，恒天然集团召集其危机响应小组、客户和监管者，将相关情况告知了股票市场，并进行了媒体报道——当时是周日中午 12：32。

虽然从理论上讲恒天然集团原本有好几个月时间事先告知问题乳清问题，事实上它却被阳性检验结果所蒙蔽。这一点很明显。最初几天，集团在应对危机上动作缓慢，不知道该如何解决许多重大问题。哪些产品受到了污染？超市货架的产品以及被食用的产品会将婴儿置于危险境地吗？

让恒天然集团愈加困惑的一大问题是，集团最近刚刚更换了监控产品流的 IT 系统。而颇为不幸的是，变更 IT 系统时，那批问题乳清恰好被出售给了客户。这就意味着需要借助人工去追踪含有乳清蛋白的每一个货板——这批问题乳清蛋白如今已经成为其他各种产品的成分。

恒天然集团尽其所能迅速调查哪些婴儿配方奶粉受到了污染。但是，由于存在不准确之处，事后撤销了其中一些已发布信息。原本大力推荐给家长的一种产品被证实可能遭到了污染。一直到8月18日，也就是危机爆发两周后，恒天然集团才得以确认所有受污染产品都已查明。在这期间，集团声誉遭受了严重打击。

很快，恒天然集团的名字出现在了全球各大媒体头条，主要与肉毒杆菌和受污染的婴儿食品关联。由于其产品被蒙上了一团疑云，消费者迅速停止购买，导致集团的重点客户损失了上百万美元。与此同时，集团与监管者之间的关系也变得紧张起来，因为它没能在事发24小时内告知对方潜在的食品安全问题。恒天然集团的声誉损失还波及了新西兰整个乳制品行业。恒天然集团以自我为中心的处事态度进一步加剧了人们的沮丧。集团大量主要利益相关者认为公司出现了“自保”心理。

新西兰政府对恒天然集团的失望潜在影响了后续几周的危机发展态势。政府官员被派往恒天然办公场所，以确保其在不断演变的危机时期发布的消息准确无误。

8月28日，也就是国际新闻报道危机后25天，后续检测结果证实，乳清并没有被肉毒杆菌污染，污染源是一种类似的不产毒素的微生物。换句话说，前期检测结果是“假阳性”。事实上，该产品消费者一直都很安全。

恒天然集团案例分析说明了两点。其一，了解组织价值链非常重要。组织应该投入工具与技术促进建立这方面关系，这样就会使得日常经营快速有效，同时在危机时期也能适用。

其二，有必要监管组织与价值链合作伙伴之间的关系质量。恒天然集团的其中一些主要利益相关者认为，公司更看重自身的当前利益——他们感觉到，公司并不关注其他人的利益，也不关心自己与他们之间的关系。危机爆发后，有这样一条调查意见："恒天然集团目前应该采取的重要步骤是，借此机会反思其与重要人士、组织以及社区之间的沟通实质与方式，从而重获信任，并与之建立长久互惠关系。"［WPC 调查委员会，2013，p26（4）］

恒天然集团没能投入足够的时间与精力去建立真正的 3am 朋友关系网。这则案例表明，恒天然集团是幸运的，有人愿意帮助它。由于它在市场上属于大玩家，因此危机涉及的各方，包括新西兰政府，为了确保既得利益，选择帮助它解决问题。假如它在市场上不具有这么大分量，那么"自保"态度很可能成为它的祸根。

由于任何组织都不是孤立运作的，它和许多其他组织之间的联系难免会引发风险。在全球化世界里，供应网络看上去更像是"供应网"而不是"供应链"，更多组织命运休戚与共有利也有弊，其中一大挑战便是破坏传播的速度之快、范围之广。

弹性是团队运动——为什么你的问题也是我的问题

2011 年，泰国经历了异常潮湿的雨季。热带风暴

“海马”于6月来袭，导致好几条无闸坝河流决堤，引发了洪灾。从7月底到10月，该国又遭遇了4次暴风雨。7月和9月的降水量要比1971年至2000年任何有记载的时期都要大。水坝都满负荷运转——水量太大，难以承载。

洪水缓慢流向南部，淹没了大量工业园区。2011年以前，泰国工业园区有40年没有遭遇洪灾了。而当年，仅仅10月份，就有7大园区被淹没。到了10月底，洪水肆虐到了曼谷，市里的汛情一直到11月底仍然相当严峻。据世界银行评估，泰国2011年爆发的洪灾是迄今为止全球第四次付出代价最高的灾难，而且造成的损失最为严重。

有800家公司都位于被淹没的7大工业园区，主要属于制造业。由于制造业占泰国GDP的近40%，因此该行业遭受破坏后引发了严峻后果。这些问题不仅影响到了泰国的经济，而且还对全球的供应链造成了间接影响，尤其是日本。泰国是全球汽车制造商的一大生产中心，日本的汽车制造商遭遇的打击尤为严重。位于受灾工业园区的800家公司中，有57%的公司为日本公司所有或经营。

丰田在受灾区设有3家工厂。在北榄省和北柳省，丰田汽车车间大门入口处垒起了2米高的沙袋堤坝，用于预防即将来袭的洪水。每家工厂四面被1.2米高的防洪堤包围，车间里面还设有第三套拦洪坝，用来保护不能被移动的机器设备。丰田公司的第三个车间位于北柳省海拔 40 多米以上的位置，因此不会被洪水淹没。

丰田的准备工作非常有效，成功确保其工厂免遭洪灾。但是，工厂的经营最终还是停止了。

自 10 月 10 日起，由于供应短缺，丰田公司被迫暂停泰国工厂的生产活动。受洪灾影响，其供应商不是被淹没，就是无法取得联系。这对于丰田公司是个沉重打击：泰国是日本境外第三大生产基地。该公司在泰国的运营一直到洪灾发生后 42 天才得以恢复。

然而，洪灾对丰田公司造成的影响并不仅仅涉及泰国市场，而是迅速蔓延到了其他地区。丰田公司最终只好取消所有日本车间的加班，导致每周少生产 7000 台汽车。此外，由于缺乏泰国供应的重要部件，丰田还被迫暂停北美洲、印度尼西亚、越南、菲律宾、加拿大以及南非等地的车间生产。

泰国洪灾说明，破坏造成的后果会扩散到洪灾影响之外的地理区域。暗含之意是，我们不能只从组织内部着手去了解其弹性，还需要考虑组织运营的广阔背景，以及当地社区弹性如何、所在行业弹性又如何。这三大块的弹性会影响组织可能面对的破坏频率与严重程度。

因此，在任何弹性建设项目中，都有必要伸出援手，邀请他人与你一起提升弹性。组织在提升弹性的过程中如果遇到不可避免的挫折，这样做有助于为其提供道德支持，同时也能建立强大的朋友关系网，在组织遇到麻烦时求助于它们。

迄今为止，我在本章中主要谈论组织之间的关系。但是，这些关系的动态实质上涉及人以及他们之间的相互沟通。凌晨3点给别人打电话求助最能了解对方了。而且，需要帮忙时，真正伸出援手的不一定总是之前打过交道的组织——也可能是意想不到的组织。人们拥有各自的社会资本，如果他们愿意，完全可以利用那些资本支持组织。

建立社会资本

基督城第一场地震发生后，悉尼水利局的戴夫·帕森斯联系了我，想了解一下进展如何，也想调查一下基督城的水利基础设施是否挺过了地震。因此，我帮他联系了昂诺·穆德。昂诺是City Care建筑公司的CEO，这家公司是基督城主要承包商，负责维护市里的水利与污水处理网络。戴夫邀请昂诺有时间时给澳大利亚水利工作人员介绍自身经历。几个月后，昂诺才接受了这一邀请。

这次偶然联系让基督城获益匪浅。因为昂诺演讲后过了几个月，基督城遭遇了又一次毁灭性地震。由于人们对基督城水利与污水处理维修团队面临的困难有了更深入理解，因此澳大利亚四面八方发出了支援，为基督城提供了实际支持，帮助修复其污水与水利系统。这一帮助并非只是表面文章，由12辆抽水卡车和专家团队组成的工作组被派遣到新西兰帮助清理地震期间充满淤泥的管子。

对于澳大利亚水利公司而言，可以利用这次机会检验互助协议在首次全球部署过程中效果如何，也为员工积累了在灾后环境下工作的宝贵经验。对于基督城而言，此次帮助难能可贵，深受青睐。而这一切都得益于及时沟通。

乔安妮·史蒂文森读博士期间一直在研究，地震发生后坎特伯雷各个组织是如何利用社会资本支持恢复的。乔提出了“关系弹性”概念，通过研究证实组织与人之间的沟通模式有助于创造弹性。她发现，能够有效组建并管理网络的组织更容易在需要时获取恰当支持，也更擅长与未来可能需要或希望合作的对象保持良好关系。

我发现乔所做的工作很有意思，其中一方面便是组织组建支持交互的不同方式（图 4.1）。乔在研究中发现仅仅拥有一个支持者网络并不够；组织必须有能力定位、激活并运用这些外部弹性资源带来的好处。有效调动关系弹性的组织与无法做到这一点的组织之间最显著的区别便是它们能否将网络作为共同资源，而非一系列个体交互。

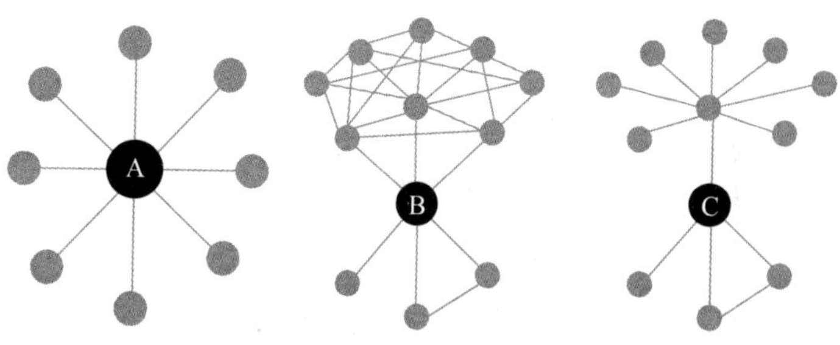

图 4.1　危机恢复期间组织采用的不同支持网络结构举例

乔发现，关系网相对不够密切的组织（比如图 4.1 中的 A 组织）在震后恢复工作方面通常不够成功。这类组织往往会与支持者保持一定距离，维持正式的市场关系。它们认为支持属于一种交易，因此与其他组织保持较低的互惠互利（即支持是相互的）水平。此外，它们与企业协会或其他一些团体很少打交道，而这些组织具有重要的桥梁作用，有助于促进从外围获取资源。最终，这样做阻碍了震后恢复。

图 4. 1 显示的另外两种支持网结构具有较高的关联程度，但是方式不同。B 组织支持网的特点是支持者相互合作争取共同利益。这类组织会组建非官方组织，想方设法减少让所有人知情所需的时间与精力。这样一来，它们就不需要在类似场景下与他人重复对话，而是会与集体沟通，这样不仅可以减少打电话、开会以及发电子邮件的数量，而且可以增加交流的信息量。C 组织借助协调人员——非正式地授予某个与他人往来良好的网络成员“支持协调人”的角色，从而减轻提供并接受支持的负担。这两种策略都有助于减少组织用于维护关系网的时间与精力。组织一对一参与管理的次数会减少，同时也能从大量支持者那里受益。

然而，比组织关系网更重要的是组织与支持者之间的关系性质。乔在研究中发现，企业认为最有价值的帮助与建议往往来自与它们建立长期信赖关系的人。有时候，即便新的关系成员具备更多的专业技能（比如法律或会计建议），人们还是会更重视（并听从）亲密家人和朋友以及可信赖同事的建议。

因此，组织需要投入精力与多样化的其他组织建立基于信任的持久关系，从而支持自身弹性。在预算削减普遍的情况下，这样的想法看似可怕，但是下列案例分析表明，它是可以实现的——只需要创造性地想出办法即可。

每年，加拿大有4.5万多名儿童被报道失踪。俗话说，养大一个孩子需要全村人。因此，推论认为找到一个孩子需要全社区的人。关注的人越多，快速找到失踪儿童并让他们与家人安全团聚的机会也就越大。为了实现这一目的，加拿大失踪儿童协会MSCS、公司合伙人以及执法部门共同组建了令人振奋的伙伴计划，将技术与慈善事业相结合，创建了CodeSearch软件。

CodeSearch是一个APP，它会向儿童失踪的当地人或者失踪儿童可能位于的某地人发出针对性警报。因为总会有人不关注新闻，所以通过发送即时警报和信息，CodeSearch有助于快速激活搜寻能力，从而让儿童拐骗者没机会逃脱。

然而，企业参与CodeSearch让这项举措变得有趣起来。该软件主要是把企业员工转变成外勤特工，只要当地有儿童失踪，他们就可以成为耳目。

创办该APP的其中一家合伙企业是西捷航空(WestJet)，该廉价航空的主要业务在加拿大境内。因为拐骗儿童的人最先去的地方往往会包括机场，因此西捷航空便成为CodeSearch举措的重要合作伙伴。如果有儿童在当地走失，该公司的1万名员工就会立即收到警报，并以前所未有的速度参与失踪儿童搜救。

西捷航空为慈善机构的调查人员提供免费航班，帮助MSCS搜救失踪儿童。这些调查人员会飞往加拿大各地甚至国外寻找失踪儿童。西捷航空还与社会合作，为失踪儿童与家人团聚提供后勤保障。

组织往往希望改善它们所服务的社区。从弹性角度而言，企业社会责任项目也有助于构建社会资本。西捷航空与 MSCS 共同开发的合作项目有助于它为社区做贡献，而且能够给员工带来共鸣。通过授权员工积极参与该项目，公司不仅帮助搜寻失踪儿童，而且也可以构建强大的社会资本。其员工和来自许多不同组织的其他人一起工作，共同目标是找到失踪儿童。任何组织都希望在危机来袭时与他人建立可信赖的关系，共享知识与智慧。

小结

以下是本章重点内容节选：

- 组织的日常经营方式会影响逆境时期人员与其他组织是否乐意为其提供援助——请成为他人的 3am 朋友，他们也会成为你的 3am 朋友。
- 视野不要仅仅局限于组织，而是要关注组织运营更广阔体系的弹性——帮助其他组织提升弹性，因为它们的弹性也会影响到你。
- 要想成功应对变化与逆境需要许多不同领域的支持——要投入精力建立并维持基于信赖的关系，并扩展组织关系网。

快速入门指南：面对危机要利用社会资本

组织在一段时期内建立的关系是危机时期的重要资本——一定要利用好它们：

求助他人	危机时期，很多人都会产生防备心理，疏远他人。但是，这样做对企业最为不利。如果人们不了解你的处境，就无法帮你。虽然你可能会以为大家都知道是怎么回事，但是事实并非如此。一定要打电话求助
为了得到而给予	如果你希望在危机时期得到他人的帮助，就应该做好准备帮助处于危机的人。这种因果报应往往会以意想不到的方式回馈你
友好待人	谁也不必非得帮你，而是应该乐意帮你。然而，我们身处压力时，往往会比较唐突、粗暴。要时不时地想办法维护人际关系
明确所需帮助	可能有很多人想帮忙，但是却不知道该怎么做。坐下来列出清单，明确你当下想要实现的事情——也许希望能向知己征求意见，也许希望有人去学校帮你接孩子放学，也许希望得到暂时的假设或者专家建议。要考虑清楚自身需求，这样其他人伸出援手时，你可以建议他们采取最佳帮助方式

尽量做到坦诚	帮助往往来自意想不到的地方，因此应该和许多不同的人交谈，尽量不要隐瞒事实。如果人们觉得你的处境高度保密，就无法从关系网中找到你所需要的帮助
保持跟进	危机往往行动迅速。你今天的需求不大可能和下周的需求一样。要让他人了解最新情况，这样他们就能采取与时俱进的方式帮助你

弹性举措——建立有效伙伴关系

本书结尾提出了可供组织提升弹性的大量举措。与建立有效伙伴关系尤为相关的举措如下：

1. 聆听他人的故事。
3. 适当借助同行压力。
9. 与其他组织共同衡量并提升弹性标准。
24. 签订互助协议。
25. 让弹性成为采购团队的关注核心。
26. 与合作伙伴共同组织社会活动。
27. 帮助他人。
28. 花时间了解他人。
35. 汲取新观点。
48. 与其他组织一起练习。

49. 使计划社会化。

53. 确保能联系到他人。

54. 提前准备好关键通信信息。

59. 关注知识转化差距。

60. 鼓励跨部门工作。

第 5 章　态势感知——时刻审时度势

2010 年年初，国际原子能机构督察员发现伊朗纳坦兹铀浓缩厂出现了奇怪现象。用来浓缩铀气的离心机开始以前所未有的频率出现问题。究竟是什么原因导致离心机经常出问题一直是个谜——伊朗人不清楚，国际督察员也不得而知。

几个月后，发生了一件看似并不相关的事情。计算机安全企业工作人员被请去查找伊朗一批电脑的故障，这批电脑的程序反复崩溃、重启。工作人员正是在那里发现了世界上第一个数字武器——震网病毒 Stuxnet。

Stuxnet 不是普通的计算机病毒，而是一种蠕虫病毒，能够在计算机网络上自行传播。它不会劫持目标计算机，也不会从中窃取信息，而是首次证明电脑病毒能够破坏物质世界。

Stuxnet 的攻击目标是 SCADA 这种电脑系统。SCADA 系统被用来远程监督并控制物理设备——实时搜集并分析系统运行数据。如果检测出错误，就会根据需求自动发出警报或调整设置。SCADA 系统被广泛运用于各行各业，包括电厂运行、油气管道、水利与污水处理厂，甚至机场的金属探测器。

尽管发现了 Stuxnet 这种病毒，计算机安全专家仍然不知道它是如何产生破坏作用的，也不知道它的攻击目标。他们花了好几个月才得以破译。电脑安全公司开始着手识别“标志物”来确定被感染计算机的部位。他们在研究这种病毒的扩散范围时，发现了一种奇怪模式。在最初的 38000 个感染案例中，大约有 22000 个发生在伊朗。这两个数字和之前的全世界电脑感染模式并不一致。即便伊朗存在感染事件，排名也从来没这么靠前过。

最初，计算机安全专家以为这种蠕虫病毒之所以在伊朗盛行很可能是因为其安全软件过时了。但是，紧接着他们发现虽然这种蠕虫病毒作者有意扩散恶意软件，但是却受到了限制。大多数其他恶意软件都是利用电子邮件或恶意网站来危害民众，而 Stuxnet 却不需要利用互联网，而是能够在计算机之间悄无声息地传播——包括不联网的计算机。

专家们很快发现，Stuxnet 是通过 USB 驱动从一个装置传播到另一个装置的。如果某个 USB 驱动器被插入被感染的计算机，Stuxnet 病毒就会潜入其中，然后传播到读取那个 USB 驱动器的机器上面。看上去似乎这种病毒的制造者专门攻击不联网的系统。

经过深入调查，计算机安全专家慢慢缩小了潜在目标的范围。Stuxnet 密码中嵌着一个文件，详细描述了它所寻找的装置的具体技术参数。只要这种蠕虫病毒进入某种新网络，就会被激活并提出四个问题：

1. 我所处的网络运行 SCADA 软件控制系统吗？
2. 这种设备控制是由某个制造商实施的吗？
3. 它在运行某种特殊软件吗？
4. 这种软件接触这两家公司制造的电机吗？

如果这四个问题的答案都是肯定的，那么蠕虫病毒最终肯定找到了实现目标的方法。任何系统，只要与这一配置不相匹配就不会被感染——Stuxnet 会自动关闭，并转向下一个系统，直到找到攻击对象。在伊朗，满足上述四大标准的唯一设备就是纳坦兹铀浓缩工厂。

这一蠕虫病毒方方面面的设计初衷都是为了让它不被检测出来。一旦 Stuxnet 到达纳坦兹 SCADA 系统，就会静默两周，然后发起攻击。紧接着，这种病毒并不会引发设备失灵，因为这样一来可能会引起调查。相反，它会做出微妙变化。首先，它会慢慢提高旋转离心机的频率并持续 15 分钟，然后再让它们恢复正常。在控制室里，一切看似都很正常，事实上这种病毒却在发起攻击，重新播放工厂保护系统值的早期记录。随后，它会等 27 天，然后再采取下一步行动——这次，它会降低离心机的运转频率。之后再等待 27 天，并按照同样的顺序重复之前的动作。频率的极端范围虽然影响缓慢，但是注定会摧毁铀浓缩离心机的寿命。

究竟是谁制造了 Stuxnet 病毒，一直都没有官方证实。然而，这种病毒的规模与复杂程度促使专家认为，它很可能是在某个国家的资助下发明的——强烈怀疑对象便是美国或以色列。

虽然 Stuxnet 的隐秘攻击如今被揭露，但其潜在破坏力量不一定受到限制。这种蠕虫病毒感染了全球上百万台电脑——但是，由于这些被感染的电脑并非其明确目标，因此这种病毒仍然处于不活跃状态。不过，它的扩散意味着如今它到达了很多人手里——很可能会被逆向设计或改变，以实现新用途。

Stuxnet 攻击通过突出渗入硬目标——承包商的方法，还为未来攻击者提供了有用蓝图。几乎全球所有工业或军事设施都要用到承包商。只需要在设备停车场留下几个 USB 记忆棒，等着被人捡起来并毫无察觉地插入电脑，就能够造成破坏。

很难知道这些攻击是否已经发生，或者说发生了多少。2009 年，油气以及石化公司，比如埃克森、壳牌以及英国石油公司等，遭遇了“夜龙”病毒的攻击。这种病毒是利用鱼叉式网络钓鱼扩散的，受感染的电脑能够被攻击者远程控制。没有引发任何物理损坏，但是攻击者却能够进入 SCADA 系统运行计划，并搜集资料。

2014 年，德国联邦咨询安全局报告称一家轧钢厂遭遇了数字攻击。尽管有关这次攻击的细节很模糊，报道称，这种恶意软件能够导致单个控制组件崩溃。攻击者利用鱼叉式网络钓鱼电子邮件和静谧的社会工程系统进入轧钢厂的办公室网络，随后进入生产网络。病毒导致高炉失控关机，由此造成了重大损失。

美国国防部前部长莱昂·帕内塔警告说，美国很可能遭遇“网络珍珠港”事件。侵略国或者极端组织很可

> 能会利用网络工具控制关键开关——导致火车脱轨、污染供水或者关闭全美的电力网。网络攻击时代或许已经开启，攻击者会进入物质世界制造破坏。
>
> 如果网络安全目前还不是组织关注的主要领域，或许它很快就会成为主要关注领域。用 FBI 负责人的话来说："我认为公司只有两种：一种是遭遇过黑客攻击的，另一种是即将遭遇攻击的。它们甚至可以归为一类：那就是曾经遭遇过黑客攻击，而且会再次遭遇攻击的公司。"（米勒，2012）

网络安全只不过是全球组织面临的其中一大新兴威胁。组织要想保持弹性，就需要良好的态势感知能力，从而能够在故障源初见端倪时发现它们。

态势感知这个说法最初源自军事用语，指的是能够搞清楚现状，知道事物的变化趋势，以及这对于未来而言意味着什么。假设你是一名处在空中格斗状态中的战斗机飞行员，为了保住性命，你不但需要知道飞机现在所处的位置（比如距离附近的山脉有多近），而且还需要搞清楚飞行方向与速度，从而推测过一会儿你会到达什么位置。既然处于空中格斗状态，你需要考虑的不仅仅是自己的飞机，还得知道另一架飞机在哪里，过一会儿它会到达什么位置。能否感知现状，同时在时间上推进并了解其含义，就成了在空中格斗时能否存活的重要决定因素。

构建态势感知

2002 年年末，中国华南地区开始传言醋的销量激增。这正是国际公共卫生界人士希望看到的预警信号。中国人通常把醋当作消毒剂。如果说醋开始畅销，显然说明公众认为某种传染病正愈演愈烈。

在中国，传染病爆发官方通知还没有公布前几个月，就有传言称广东省出现了一种传染病。人们认为用煮沸的醋来熏房子能有效阻止疾病传播，于是便纷纷抢着去买醋，从而出现了抢购现象。一些商店的醋都售罄了，其他地方则醋价飞涨。当时，人们如今熟知的 SARS 病毒正在中国肆虐。

世界卫生组织只有非常短暂的时间来消除即将爆发的传染病，以免它快速传播。因此，该组织需要抢先识别并调查疫情的爆发。由于一些权威人士不愿意报告疫情爆发情况，正式通知不总是现成的。因此，世界卫生组织需要想出其他办法来构建态势感知。从 1997 年到 2000 年，该组织协助建立了全球疫情警报和防疫网络 GOARN。该网络在全世界有 120 多位合作伙伴，自成立以来已经应对了 50 多起疫情爆发事件。SARS 是该网络首次识别并应对的在国际上迅速传播的疫情。

GOARN 是由多家现有机构与网络构成的，其成员时刻保持警惕，并做好准备应对事件。利用该网络发现情况并共享信息是国际公共卫生社区建立态势感知并发现问题的方式。该网络开发了大量预警工具。举个例子，全球公共健康信息网设在加拿大，负责不间断地上网搜索表明即将发生公共健康问题的新闻报道。这种工具非常重要，因为超过 60%的最初疫情报道都来自非官方或非正式渠道。

有关 SARS 疫情的第一个线索于 2002 年 11 月 27 日发现，也就是报道第一个病例后 11 天。全球公共健康信息网获取中国的流感疫情报道后，将其转发给了世界卫生组织（WHO）。不幸的是，当时体系并不完善，全球公共健康信息网还做不到自动翻译。疫情中文新闻一直到 2003 年 1 月 21 日才被翻译成英文。与此同时，中国出现问题的其他谣言四起。尽管 WHO 员工反复询问中国官员相关情况，仍然没能得到进一步消息。

2003 年 2 月 10 日，即第一个病例公布后近 3 个月，传来一条消息引发了全球卫生系统的反应。WHO 北京办事处收到一封电子邮件，其中描述了一种奇怪的传染性疾病，一周内已经导致广东省 100 多人丧生。邮件中还谈到公众的疯抢行为，他们买光了药店的所有药品，以为能够保护自己。WHO 工作人员询问中国官方这一消息是否属实，第二天便收到一份报告，承认非典疫情的爆发原因不明，并报告了 300 例急性呼吸道综合征病例，广东省已有 5 人因此丧生。

在随后的一个月内，SARS 病毒蔓延到了中国香港地区，原因是一名被感染的中国内地医生去那里参加婚礼。一夜之间，这种病毒在香港一家酒店从此人传播到了至少 12 人。这 12 人来自 5 个不同的国家，回国后便引发了多条传染链。在接下来的 4 个月内，SARS 病毒传播到了全世界各大洲，出现了 8000 多个病例，并导致 27 个国家的近 800 名患者丧生。

在国际公共卫生界齐心协力阻止 SARS 病毒传播的过程中，全球疫情警报和反应网络发挥了关键作用。国际专家与一线临床医生每天都通过电话会议共享实时信息、经历与资料。专家团队也会一起讨论特殊问题。为了找到有效治疗这种疾病的最佳办法，还组建了临床医生网络。世界各地的流行病学家共同探讨疾病的传播方式，并确定了最佳遏制策略。还有一个实验室网络，主要负责想办法确定致病媒介，并进行诊断测试。

疫情爆发期间，全球疫情警报和防疫网络提出了将全世界具备合适专业技术的人集中在一起，共享实时信息、资料与经历，在实践中共同讨论、评估信息——以便应用于当地。这是非常了不起的全球响应。WHO 宣布，2003 年 7 月 9 日，SARS 疫情被成功控制住。

危机来临时，很可能得不到任何预警。要想构建组织的态势感知，需要想办法让人们保持警惕——时刻关注变化迹象。还需要创建机制集中智慧，从而更好地理解变化。

对未来做出准确预期并不现实。但是，组织可以提高感知能力，关注未来可能面临的各种情况。在变化迅速的威胁环境下，可以采取一些措施提升组织的态势感知能力。

虽然组织或许不具备打造像 GOARN 一般复杂且能够发

现新兴威胁的工具，但是可以利用网络这一基本原理确保某个地方的人能够发现威胁临近的迹象。但是，由于人们只是孤立地看待这些信号，不能总是认识到它们代表的潜在威胁或机会，因此需要想办法鼓励他们来分享信息。

鼓励他人可以采取许多方式——包括设立简单的“建议箱”，或者与团队成员开展大局意识会议（更多思路，请见本书结尾处的“落实弹性举措”章节）。你所需要的是打造一种文化，使得组织不同层次的人在发现需要关注的事物时被允许也敢于说出来。

预见并提出问题确实需要足够的勇气，尤其是想法和组织的主流想法背道而驰时。还记得 WHO 2002 年 2 月 10 日收到的关于广东省有人死亡的电子邮件吗？当时，疫情已经持续了好几个月。那么发送邮件的人为什么没有早点行动呢？又是什么原因促使他们最终采取行动的呢？在考虑这些问题时，想想组织人员是否已经准备好以及在何种情况下提出潜在问题。

在航空业（以及其他许多行业），投入了巨大努力打造行业文化，促使人们就安全问题、虚惊事件以及真实事件提供信息。几十年来，研究人员发现，要想制定有效的报告系统需要满足以下要求：

1. 提供秘密或匿名打报告的方法。

2. 有独立团队负责搜集、分析报告，该团队不同于有权制定纪律程序并实施制裁的那些团队。

3. 就如何落实信息提出快速、有用、通俗易懂的反馈意见。

4. 不要布置大量的文书工作——尽可能简化报告程序。

不过，要想打造持续的大局意识文化，仅仅依赖报告系统是不够的，而是需要更具社会化的进程：创建组织内部论坛，从而有效发现威胁与机遇；与其他组织合作，共同识别新趋势；定期召开报告会议，请团队成员就新问题或趋势谈论其对组织的潜在影响。重点不是期待人们能够预测可能发生或不会发生的事情，而是开发思维，培养探究未来发展趋势的能力。

等落实完良好实践，确保人们能够积极传递信息，随时保持警惕并愿意分享搜集到的信息后，就会面临下一挑战——怎样处理信息。信息过量就成了干扰。因此，需要制定策略反思搜集到的信息。

世界上发生的无数事件或变化都可能对组织产生启发。或许最不起眼的一组情况，集中到一起也能制造很大动静。研究灾难有一个有名的框架，称为瑞士奶酪模型，它强调引发重大灾难的事件往往不止一件。灾难往往会在一系列不幸事件集中爆发时发生。这就需要态势感知实现平衡。人们不希望落入陷阱，对所有想象事件做出强硬反应；也不希望因为没有关注预警信号而被某件事弄得措手不及。

许多组织在应对这一挑战时往往会制定一系列标准，明确员工何时以及如何在组织向上级反映问题。这些升级步骤有助于确保出现超出规定门槛的情况时高层管理人员能够迅速察觉到。对于组织比较熟悉的事件而言，这个过程比较有效，而且我也极力推荐这种实践手段。考虑哪些情况预示威胁或危机即将来临，并使得组织就其回应时机达成一致，这样做非常有效。

不过，如果危机不遵循明确规律，或者一件微不足道的触发事件引发一连串带来超长影响的事件，那么升级标准就不够有效。可以把危机的发展想象成气球。久而久之，组织运营环境中的潜伏状态或许会出现一些变化，导致组织危机频发。事实上，每个潜伏状态都会给气球充气，比如某个部门人员流动率出奇的高，安装了新的 IT 系统，职场内部的安全文化逐步退化，全球金融危机导致重要客户承受很大压力，或者新的竞争对手进入了市场，等等。上述任何情况如果单独出现，都比较好应对。但是，如果这些潜伏状态同时发生，就好比往气球里充了太多气。

从态势感知角度而言，人们很容易找个“牵制物”想办法发现并避免触发事件发生。不过，牵制物的出现或许没有任何预警。更有成效的做法是检测气球内气体的量——持续监控并说明容易让组织危机频发的潜在状态。

等到掌握方方面面的情况后，还需要一定见解来想想某种情况可能会如何发展。推测能力——能够认识当前情况以及动态，并着手评估其在将来某个时候会对体系产生哪些影响——与其说是一门科学，不如说是一门艺术。任何人都不能准确预测未来的情况。

知道何时采取行动

> 40 年前，公共卫生官员紧张万分，不知道全世界是否会经历另一场全球疾病大流行。1976 年 2 月的一天，

18岁的美国军人大卫·刘易斯感觉浑身疼痛，发烧、头疼、流鼻涕，而且冷得打哆嗦。于是，他被要求卧床休息。那天晚上，他挣扎着从床上爬起来，决定和部队一起完成5英里的徒步训练。然而，他终究没能走到终点——他走着走着，感觉越来越糟糕，几乎无法呼吸，最终倒下了。虽然在战友的帮助下他恢复了意识，并被立即送到了医院治疗，几天后，他还是离开了人世。

刘易斯并非唯一一名出现流感症状的士兵。在此前的一个月里，流感病毒一直在基地蔓延。很多士兵都染上了同一种流感病毒，也有少数人感染了不知名的流感病毒。进一步检查显示，那种不知名病毒为H1N1，也就是为人熟知的猪流感。

然而，士兵们谁也没有和猪接触过。令人担忧的是，这种病毒和1918年席卷全球的那种病毒有很多类似之处。当时的病毒导致超过4000万人遇难。这让公共健康官员颇为担心。这是紧急大流感来临的迹象吗，还是只是个偶然事件，最终会消失于无形呢？

除了刘易斯，还有13名士兵也染上了H1N1流感病毒。其他500名士兵的流感抗体呈阳性，表明这种病毒会在人与人之间传播。冬天过后，春天来了，天气渐渐暖和后，病例才逐渐减少。

这说明了什么呢？难道这种病毒不易传播吗？或者说这只是暴风雨前的平静？到了来年冬天，这种病毒会不会迅速传播开来呢？公共健康官员面临着这样一个问题：他们需要先发制人，给人们接种疫苗，来避免 1918 年的流行病复发吗？

在流感大流行的 1957 年和 1968 年，每次都是还没来得及发放足够的疫苗，流行病就出现大爆发。能否利用这次早期发现的难得机遇早些接种疫苗，避免它严重扩散呢？这种做法前景诱人。

然而，要想成功接种疫苗并不容易。需要克服重大后勤问题。医药行业刚刚生产出了来年需要的流感疫苗。疫苗是在受精卵中生产的，用来生产疫苗的公鸡即将被宰杀，这样一来，好几个月都无法恢复生产。即便有公鸡，疫苗生产过程也没那么迅速。如果想储备足够的疫苗来应对即将来临的流感季节，就必须立即启动生产。

决定采取行动后，3 月末，福特总统宣布政府计划给人们接种疫苗。1976 年的猪流感疫苗接种计划就此启动。

在生产新疫苗的 5 个月里，没有收到感染猪流感病毒的流感病例。这就使得科学界一些人开始质疑是否有必要按原计划接种疫苗。然而，其他人则认为静观其变可能会引发很大风险。1976 年 10 月，美国民众群体免疫接种正式开始，10 个星期内为 4500 万民众接种了疫苗。

与此同时，政府还实施了集中监测与监督。冬天将至，一直没有出现猪流感病毒感染病例。但是，11 月 19 日，密苏里州发现了单个病例。之后再没出现其他病例。

11 月，明尼苏达州接种过疫苗的一名病人患上了格林巴利综合征。这种病属于严重的自身免疫疾病，患病原因很多，包括流感。首发症状是麻木感、麻刺感和疼痛感，紧接着便是四肢无力，之后会感到全身无力。患有格林巴利综合征的患者中有四分之一的人呼吸肌会受损——如果不使用呼吸机他们可能会没命。即便进行适度治疗，这类患者中 5%的人最终仍会死亡。随着病症加重，无力感会更加严重，持续时间从半天到 1 个月不等。一直到病情趋于稳定后，病人才开始慢慢康复。

12 月，明尼苏达州和阿拉巴马州又出现了格林巴利综合征患者。仅仅 1 个月时间，就有来自 11 个州的 50 多个人患上了这种病，而且这些人近期都接种过流感疫苗。如今，据估计，人们在接种猪流感疫苗之后的 6 个星期内，感染格林巴利综合征的概率会增加到 10 万分之一——其患病风险提高了近 10 倍。关于这种疫苗接种计划为什么会加大接种对象患格林巴利综合征的概率，有很多种说法，但是迄今为止，确切原因仍然不得而知。

虽然接种流感疫苗后人们患格林巴利综合征的概率非常小，但由于接种人数众多，据估计，1976 年的流感疫苗接种直接导致约 500 人可能患上这种综合征。1976 年 12 月 16 日，由于对疫苗接种负作用的担心不断升温，因此便终止了全民疫苗接种行动。

1976 年的猪流感给人们提了个醒。如今，事后分析，我们认为 1976 年的疫苗接种计划是错误决定。但是，40 年后，如果人们根据当时掌握的情况做决定，那么会有什么变化吗？

考虑到当时的技术与销售物流，有效推行疫苗接种计划需要在没有掌握全面知识的情况下做出选择。没有哪种选择是零风险。如果推迟接种计划时间太长，等着病毒蔓延得到证实的话，那么病毒很可能会迅速扩散，远远超过疫苗接种能力。如今，虽然微生物学领域取得了不少进展，卫生官员仍然需要在不确定的情况下做出决定。

1976 年的猪流感疫苗接种计划表明，在应对出现的新威胁时存在很多挑战。如果采取行动过快，一旦到最后证明威胁其实无关紧要，那么付出的努力就成了多余的；等太长时间的话，威胁很可能会加剧，从而导致错过有效应对的机会。

危机的特点是不确定性与发展迅速。情况很可能会迅速变化，而我们又希望果断行事，因此压力巨大。应对这些竞争因素，我建议制定决策时间表，明确标出决策点，知道什么时候该做出哪些关键选择。通过分阶段决策为自己争取时间。

分阶段制定决策有助于确定自己需要什么，同时获得力所能及的未来选择。1976 年的猪流感案例表明，实施疫苗接种计划不一定非得是个二选一的决策，而可以分阶段落实：第一步可以要求疫苗生产厂家随时待命，不要削减公鸡数量；

第二步可以启动疫苗生产；第三步是推广疫苗接种计划。33年后，传染病专家埃德温·吉尔伯恩回想起自己在1976年应对猪流感行动中所起的作用时，表示假如有机会重来的话，他会要求生产疫苗，推广疫苗，但是不到万不得已不会要求接种疫苗。

从理论上来说，1976年的疫苗接种计划刚开始推行时，这些决策点仍然可实施。但是，总统早期发布的声明指出人人都要接种，不论男女老幼。因此，如果取消接种计划，政治上无法接受。如果总统当时宣布政府已经筹集资金让疫苗生产商随时待命，并根据实际情况看看是否有必要开展生产再做决定，那么就会争取到宝贵时间，在掌握进一步信息的基础上重新审视选择。

基督城大地震爆发后，坎特伯雷大学有效采取了分阶段决策手段。本书第4章指出，坎特伯雷大学面临的最大危机是流失学生——学生可能会离开该市，去其他大学读书。因此，坎特伯雷大学需要公布是否会重新开放具体时间，以及新学年的教学何时开始。

地震是周二午饭时间爆发的。震后最初几天，整个基督城一片混乱，人们高度震惊。随着周末即将来临，坎特伯雷大学面临的压力也越来越大，人们想知道它是否会重新开放、什么时候开放。大学处在了进退两难的境地。学生希望得到确切答案，这样他们就能决定该继续待在基督城，还是去别处——他们不可能傻坐着等很长时间，因为其他大学很快就会满员。但是，在当时那种情况下，坎特伯雷大学确实没有把握最快什么时候能重新开放。校园里有 240 栋大楼，工程师需要好多天的时间来检查每一栋楼，才能搞清楚工程规模。因此，大学发布通知，称第二周周三下午 6 点钟将会发布重新开放的决定（也就是震后 8 天）。尽管它不知道会做出怎样的决定，却争取到一些时间来制定决策。

一方面，学生现在很清楚几天以后就能得到消息；另一方面，坎特伯雷大学也争取到了宝贵的时间进行影响评估，从而做出相应的决策。到了周三下午 6 点，该大学声明，下下星期一将恢复正常授课（也就是震后 3 周）。发布该声明时，大学并不知道怎么做才能按期恢复教学，不过，现在它争取到了 12 天时间来想办法应对。

难以置信的是，坎特伯雷大学的教学确实在 2011 年 2 月 22 日的大地震爆发 3 周后就恢复了正常。由于校园里能用的教学楼寥寥无几，它创新性地提出：搭建一些大帐篷，供教学使用；扩大在线教学系统的使用；调整课程表；组织学生外出活动，以及其他在校外开展的活动。

回顾当时的经历，学生们都说那个学期过得很辛苦。帐篷隔音效果不好，又是硬地面，因此如果有人走动，很难听到，而且风也是个问题。帐篷不是热得受不了，就是冷得不行。不过，很多学生也说那段时间他们体验到了最棒的课程。留下来的学生都是真正希望待在坎特伯雷大学的，从而创造了弹性与成就感，甚至还实现了创伤后的成长。

创伤后的成长这一理念对于提升弹性非常重要。弹性不仅仅涉及在危机中幸存，而且涉及想办法发展。我们经常听到人们在经历重大健康问题后会重新评估生活，组织也一样。有时候，最佳机遇源自最糟糕的时期。训练态势感知能力，从而在不稳定时期寻找积极事物。

寻找机遇

2004 年节礼日，海啸毫无预警地袭击了泰国南部地区。没有人感觉到大幅震动——地震发生在印度尼西亚，距离泰国好几千公里，也没有预警系统提醒人们警惕即将来临的破坏力量。

早上 10 点钟刚过，出现了第一个麻烦征兆，即海水减退。螃蟹和鱼被搁浅在了沙滩上。有人知道这意味着什么，但是也有很多人不清楚——他们被沙滩上出现的这一奇妙现象深深吸引住了。紧接着一堵墙似的洪水来袭了。

海啸爆发 4 周后，我作为新西兰勘查团队成员被派往泰国，去了解灾难，吸取经验教训。我们发现，海啸造成的破坏非常巨大。洪水漫延到一些宾馆三层，另外一些宾馆则完全被冲毁了。人员搜救行动仍在继续——到处都是失踪人员的照片。

8 个月后，我返回泰国，想看看旅游业是否恢复。在海岸一些区域有更新迹象，宾馆重新开业了，也有很多游客。然而，考拉克地区则不然。大多数被损毁的建筑都清理干净了，只剩下荒芜的土地。在那里看不到游客，只能看到帮助受灾社区的救援人员。

那天，有人派当地的导游带我去四处转了转。至今，我还记得 Kwan 的个人经历。那场海啸几乎毁掉了她的一切，导致当时兴隆的导游生意被毁于一旦。她的一些员工失去了生命，公司大部分资产遭到了破坏，她这么多年建立起来的社会资本在一瞬间也变得烟消云散，她的很多朋友和业务伙伴不是死了就是搬走了。环顾考拉克地区，不难发现那个地方不可能很快成为发展旅游业的好地方。

于是，Kwan 改变了路子。她四处查看，希望在游客回归之前找点其他生意做。当地到处都是援助机构，主要负责给当地社区建设新房屋。援助机构主要提供房屋，很少提供屋里的家具。Kwan 有了想法。她开了一家家具店，维持家人的生活。不过，她并没有放弃导游业务——再过几年，等到恰当时机，她仍然会重操旧业。

发生重大危机后，像 Kwan 这样需要重新考虑主业的人有很多。危机往往会大幅度改变现状，导致之前可行的做法后来变得不可行。在这些情况下，最具弹性的做法便是不要固执地想着恢复业务，而是要重新开创业务。

灾后研究通常不关注那些被迫关闭的企业。这些企业主往往很难找到——很多人不是搬走了，就是开创了新企业。由于缺乏进一步信息，这些组织通常被归类为因灾难受害的“失败企业”。不过，这一说法掩盖了更为丰富的现实。我们当中一位研究人员特雷西·哈顿对坎特伯雷地震爆发后没能重新开张的企业经历很感兴趣。她追踪了地震发生 2 年后仍然关门不营业的 6 家企业。其中两家企业 1 年后（也即地震爆发 3 年后）重新开业，另外两家在计划重新开张，还有两家则永久关闭了。这两家企业中只有一家算是“失败”了，另一家虽然关门不营业了，但是在受灾区域之外开了其他商店。

危机过后这段时期适合刷新态势感知。停下脚步，深呼吸，用心想想，再做出回应，开启恢复模式。想想发生了哪些变化，然后重新评估新环境下组织能取得怎样的成就。不要只为自己和企业打造一种未来——要多研究几种。危机会为变革带来转瞬即逝的机遇。可以抓住这一机遇评估状况，重新审视头等大事。

小结

以下是本章重点内容节选：

- 灾难的来源可能为人熟知，也可能完全意想不到。
- 让人们成为组织守卫，时刻警惕变化征兆。
- 制定机制搜集所有信息与情报，从而易于理解。
- 培养团队探索未来的心态，了解情况演变。
- 有时候，最佳机遇恰恰源自最糟糕的时期——要寻找变化时期的积极因素。

快速入门指南：在快速变化中意会

组织遭遇危机时，可以将下列几点作为试金石，来保持态势感知：

不要自以为了解全部情况	危机时期情况会迅速发生变化，同时往往伴随有困惑与沟通不畅。如今是时候提升态势感知能力了。组建大局意识团队，更好地认清当前状况，以及一天、一周、一个月，甚至一年内可能出现的问题
为未来多种可能做好准备	谁也无法预测未来，因此不要锁定某一种情况。将多种可能综合考虑在规划办法之内，从而使得计划经得起各种可能产生的压力测试
寻求多种角度	利用关系网搜集事发情况，从多角度着手检验想法与计划
争取额外时间	就何时做出何种决策制定战略。果断并非意味着过早锁定行动方针。将大的决定分解为一系列小决定，明确关键决策点的时间表和起因。这样做能够争取到更多时间来搜集信息，评估可用选择。但是，记得要落实决定，口说无凭，否则很快就会失去信任

寻求机遇	机遇为变革提供了转瞬即逝的宝贵机遇。是时候评估状况，并重新考虑头等事项了。在做出回应并进入恢复模式之前先认真考虑你希望组织在5年后达到怎样的高度，或许现在就可以快速追踪该目标了
相信直觉	危机来临之前并非总是有预警。如果感觉不对劲，千万不要忽视它，而是要深入调查。潜意识往往要比意识更快感知到麻烦

弹性举措——提升态势感知

团队需要认真考虑不同信息暗示给组织的未来各种可能。这种技巧可以掌握，但是需要练习。本书结尾列举了大量举措，可供组织提升弹性。与提升态势感知相关的举措如下：

1. 聆听他人的故事。
2. 利用炙热平台。
28. 花时间了解他人。
29. 主动关注周围环境。
30. 要求他人长远考虑问题。
31. 不断审视业务模式。
40. 有效应对危机。
41. 吸取教训。

43. 在掌握部分信息的情况下做决定。

57. 谨慎应对变化。

第 6 章　学习型组织——树立不断学习的心态

我小的时候，有个电视节目叫《百战天龙》(*MacGyver*)。节目中的马盖先利用大量理工科知识，成功让自己摆脱看似棘手的情况。他会借助身边的一切事物。举个例子，有一集节目中，他成功用巧克力堵住了硫酸泄漏。听起来有些牵强附会吗？巧克力里面含有蔗糖和葡萄糖，当酸与糖反应后，就会生成碳元素和厚厚的黏性残留物。这一绝技近期在电视节目《流言终结者》上进行了重播，并被证明可行。

马盖先能处理任何状况，只需要随身携带忠实小刀、一卷强力胶带和大量精巧装置，就可以利用手边的各种资源了。组织也应该像马盖先一样——不论何种情况下都能够创新思维，并想出切实方案。

组织弹性的关键要素便是其创新与创造力水平，而这一点源自其学习态度。创新与创造力对于弹性而言很重要，因为遭遇的实际危机并非准备好应对的危机。即便我们做好准备应对某类事件，根据我的个人经验，实际危机中涉及许多把戏与意外，导致计划不可行。因此，需要培养组织“不断实践，不断改进”的能力。

组织创新与创造力不会凭空而生，而是需要精心培养。

不应该将创新与创造力只局限于组织的科研部门（如果有的话）。需要将创新与创造力融入组织每天应对并解决挑战的方式中去。组织每方面以及所有层次都需要具备这种能力。

IT 团队解决问题的能力如何呢？行政人员是否会应对新挑战，并坚持到底直到想出解决办法呢？出现问题时，高管团队是否能够齐心协力，还是会相互指责并推卸责任呢？

组织创新与创造力关乎接受挑战的态度以及技术水平，需要具备好奇心以及自信的态度，还需要团队合作，同时不害怕看到失败征兆。这种能力——如果组织具备——有助于提升组织日常业绩，以及危机时期的经营能力。

创新与创造力好比一棵植物，需要合理的养分与条件才能繁荣发展。

培养创新与创造力

2013 年，我们团队的一位研究人员艾丽雅·波及拉瓦被选中去中东地区实施联合国停战监督组织的一项使命，身份是军事心理学家。在那里，她被调度去叙利亚担任非武装军事观察员。2013 年 5 月，他们在叙利亚戈兰高地隔离区的监视哨执行任务时，联合国安保遭到了破坏。艾丽雅和其他两名战友遭遇了 38 名武装士兵。他们被持枪拘捕，穿过布雷区，作为人质关押在遥远的小村庄里。

艾丽雅和同事遇到了切实危险。劫持者称要给他们录制视频，用拇指压在他们的喉咙上。劫持团队一开始自称是叙利亚军事成员，但是看着却不像，那些人都留着胡子。根据艾丽雅的经验判断，大多数军人胡子刮得都很干净。而且，虽然那群人威胁说要采取暴力行为，但是从他们的眼神可以判断，他们并不会真的那样做。劫持者不停地编各种故事，甚至还佯装了救援行动，想给人质制造混乱与恐惧。

虽然当时情形可怕，但是艾丽雅也很好奇。身为心理学家，她想知道劫持者的动机是什么，他们有什么想法和目的，又是什么样的人。她也需要猜测他们劫持的真实意图。有可能和他们谈判吗？还是应该等待救援，或者想办法逃跑呢？

由于当时的情形很可能会造成灾难性后果，身为人质，艾丽雅和同事必须想办法逃脱。恐惧只会影响他们的推理和谈判能力，也不利于想办法安全回家。

艾丽雅根据经验判断，劫持者是想让他们精神崩溃——希望通过强加于人质，让他们产生恐惧心理，从而更容易控制，并剥夺人性。她知道自己必须保持自尊，被平等对待。这对于女性而言尤为重要——她需要让对方知道自己身为联合国官员需要受到尊重。

艾丽雅打算满足自己的好奇心，看看能否进一步了解他们的意图。他们把她带到了两栋楼之间，她在那里看到一名高级军官正在吸烟，于是就跟他要了一支，他欣然给了她。两人谈到了各自的家人、家乡。这一刻非常重要。艾丽雅发现劫持者也愿意敞开心扉，与她分享个人生活。根据这一点，她判断可以试着通过谈判获释。

在接下来的几小时里，艾丽雅和团队成员不停地和劫持者交谈，慢慢告诉对方他们三人值得信赖，愿意帮助对方实现目标。后来得知，劫持者是叙利亚自由军叛乱集团成员。艾丽雅担任联合国军事观察员期间，曾经花了很长时间研究吞没叙利亚的一系列事件，并推断过叙利亚自由军的状况。现在，她终于有机会和对方交手了。

艾丽雅非常理解他们的行为。后来得知，他们制造整个事端的真正目的是要和联合国高级官员进行面对面的交谈。三年来，这个团队一直找机会制造双方会面的机会，但是都失败了。艾丽雅和团队成员齐心协力实现了这次会面，并在被当作人质扣押 8 小时后成功谈判获释。

艾丽雅和两名同事虽然没有受丝毫伤害，但是整件事情却改变了他们。之前，他们原本认为叙利亚自由军是一群居心叵测的危险分子、人质劫持者，但是现在他们对对方的努力、价值观以及人性有了更深入了解。出乎意料的是，他们三人竟然感觉这次绑架未尝不是件好事——让他们更加重拾信心，相信自己能够在变化无常、高度复杂的处境中冷静谈判。

这次经历促使艾丽雅发起了联合国军事观察员弹性计划，通过分享经历过重大事件的观察员的应对策略与反思，帮助即将到任的军事观察员提升弹性。通过和曾经部署在叙利亚、以色列、黎巴嫩、约旦和埃及等地的军事观察员进行交谈，大家都提出了一个共同主题，即人们是依靠好奇心度过危险境地的。“当你的自我控制以及乐观能力关乎生存问题时，很快就会发现恐惧一点好处都没有。你所能依赖并投入精力的只有好奇心和取得积极结果的决心。”（在叙利亚遭绑架的联合国军事观察员）

部署工作临近结尾，艾丽雅和我们一起踏入博士生涯，探究个人弹性与组织弹性之间的关联。艾丽雅主要研究特种部队，其属于经过精心挑选、训练的军事部门。她再次发现了涌现的好奇心。好奇心一直被看作特种部队行动成功的决定性因素，尤其对于非常规战争空间更是如此。接受艾丽雅采访的特种部队人员说，没有好奇心就不可能设想出理想状态或前进的道路。是好奇心赋予了人们应对无法预测的未知事物的力量。

好奇心属于高度自适应性应对机制，有助于避免冷漠、被动接受与绝望，是积极高效参与行为的重要推动因素。最终，艾丽雅的研究表明，好奇心对于在模棱两可、充满高风险的情形下取得积极结果而言非常关键。

弹性也需要适应从未经历过，而且往往出现在计划以外的情况。要求组织和人员不畏惧陌生以及意料之外的事物，而是充满好奇，积极探究、尝试，从而找到新的出路。

2012 年，一组弹性组织研究人员在文卡塔拉曼·尼拉康德和伯纳德·沃克的带领下，开始认识到一些组织在混乱中快速适应情况并发掘新机遇的原因。他们采访了 200 多名高级经理，来自电力、水平基础设施、通信、交通以及银行等领域，深入探究了“适应性弹性”这一概念。适应性弹性处于高度动态过程，要求组织灵活、协调，同时快速学习。研究团队发现了组织实现适应性弹性的四大关键要求：关爱文化、共享文化、学习文化，以及这三者的基础——强大的组织领导力。

集体学习和持续改进是尼拉康德和伯纳德团队提出的适应性弹性模型的核心要素。具备强大学习型文化的组织能够更准确地掌握新情况，并相应地做出调整。

他们发现，学习和文化包含以下关键要素：

- 愿意学习、接受反馈并不断进步；
- 创造有助于解决问题的环境，而不是相互指责；
- 打造“安全”文化，便于承认错误并相互学习；
- 无论个人还是集体都能够停下来反思；
- 能够聆听他人，并考虑备选方案；
- 愿意冒险并探究未经检验的新想法。

自彼特·圣吉的开创性作品《第五项修炼》问世以来，全世界的研究人员都在探究组织怎样才能成为“学习型组织”。学习型组织应该善于创新，获取并分享知识、想法以及见解，并利用这些方面改变行为。

在过去的20年间，研究人员采用了彼特·圣吉早期提出的想法，进一步探究了驱动组织学习倾向的因素。以下列举了组织学习与适应性不可或缺的三大广泛因素：

- 积极加强组织学习重要性的领导力行为；
- 积极鼓励、支持并促进学习行为的环境；
- 具体的学习过程，其中制订了学习计划，并进行了落实。

要想实现学习，关键要注入新想法。当人们意识到看待问题，激发新思维、能量以及动机的其他方式时就会开始学习。有时候，新想法是通过洞察闪念或者创新与创造力实现的；有时候是来自组织外部，或者由知识渊博的业内人士表达出来的。不过，单单新想法并不能引发学习行为。组织需要保持开明思想，才有助于这些新想法挑战心理模式以及根深蒂固的假设。

过往的成败经历都有助于促进我们对外界运作方式的认识。然而，随着时间的推移，现有的心理模型就会过时。学习型组织敢于让已经建立起来的心智模型接受检验，并积极质疑长期保留的惯例、假设和信念。从多方面而言，可以认为学习首先要求努力舍却所学——舍却所学是组织变革的核心。

组织学习受领导行为的影响最为显著。假如领导不重视学习，抑或不愿意让自身的心理模型受到质疑，那么组织就不大可能学习。如果领导积极提问、乐于聆听，并表明他们愿意听取他人的见解，员工也会有底气提出新想法与选择。

系统地解决问题，尝试新方法，从过往经历中吸取经验，向他人学习，快速、有效地分享知识，这些都是学习型组织的特点。但是，单单上述属性并不能打造学习型组织。“找到经验”不一定等同于“吸取经验”。组织必须自主学习，并学会运用所学知识。

令人惊讶的是，鲜有组织擅长运用经验。虽然组织在积极寻找经验，也很努力，但是很少有组织能够以有意义的方式吸取经验。很多组织会多次重复错误。要想实现学习型组织，组织必须谨慎吸取经验，并将它们运用于经营实践中。

玛丽莲·达林和合著作者在《在紧张中学习》一文中颇具说服力地说明了这一点。他们在文中描述了美国军队假想敌部队采用的行动后反思手段。假想敌部队是一个军队旅团，有 2500 名军人，其主要任务是帮助士兵做好战斗准备。该部队旨在成为最强大的敌人，扮演着“敌军”角色，配合美军学员完成模拟战役。美军通常有约 4000 名士兵，其中很多人都久经沙场。

美军往往拥有更广泛的资源，各方面技术也是一流的；但是，每次赢的几乎总是假想敌部队。为什么呢？假想敌部队之所以总是胜利，根本原因在于它每次都会刻意地从以往经历中吸取经验，并将其运用于之后的想法与行动当中。

假想敌部队采用了 AAR 流程，主要围绕四个简单问题展开：

- 我们准备做什么？
- 发生了什么？
- 为什么会发生？
- 接下来该做什么？

这类问题在习惯做报告的人听来并不陌生。但是假想敌部队不仅仅将事后总结作为汇报，而是在其中刻意植入了学习周期。学习过程在练习一开始就启动，并通过微感知、试验以及调整周期不断重复。刻意关注学习过程非常有效，假想敌部队证明了学习过程也可以发生在组织层面。

在很多人看来，学习、创新与创造力这些概念仅仅与有才华的人相关。但是，研究人员发现，创新与创造力也是一个社会化过程。下一节内容将重点探究共同创造并广泛分享的想法为什么会产生更大影响。

发挥共同创新与创造力

> 道格·迪茨是一名设计师，对他新设计的作品感到非常骄傲。那是一部最先进的核磁共振扫描仪。技术人员和大夫都喜欢这台机器的新特点和性能。然而，一天，道格正从医院往外走，转身看到一个小女孩，7 岁左右，和她的爸爸妈妈在走廊上走。小女孩走近核磁共振室时，突然大哭起来。道格转过去看了一眼自己原本引以为傲的核磁共振扫描仪。这次，他发现那台机器看上去非常恐怖。让小孩子躺在里面不动，慢慢被吸进噪声很大的机器里肯定会感觉被生吞。因此，近乎 80%的小孩子在接受核磁共振检查之前需要服用镇静剂。
>
> 道格意识到这一点后感到极度伤心。他的机器让他引以为傲，却没能满足重要终端用户——生病的孩子和他们的家人的需求。道格和团队成员之前一直想着怎样把技术做好，却没有考虑病人的实际体验。于是，他开始改变机器的样子。为了做到这一点，他需要采取不同的设计思路。

道格在重新设计扫描仪时采用的方法名为“设计思维”，这种方法将用户体验置于设计过程的核心。（了解更多关于设计思维以及解放思维的其他技术，请见本书结尾“落实弹性举措”章节）

道格并没有回到实验室重新设计扫描仪，而是走出实验室，在当地的日托中心与学龄前儿童待在一起。他和儿童生活专家交谈，了解儿童患者的经历，还亲自带儿童经过核磁共振扫描仪房间，想知道他们究竟害怕什么。他还和当地儿童博物馆的专家探讨该如何捕捉儿童的注意力与想象力。随后，道格团队通过整合多种观点，开始重新设计核磁共振扫描体验。

新团队提出的观点是，在孩子眼里，小小的封闭空间并不总是很可怕，但是你必须利用他们的想象力。你有多少次看见孩子把“三把椅子和一条毯子”变成了玩耍的小屋？在他们眼里，这个小空间相当于城堡、堡垒、海盗船，或者当时启发他们想象力的东西。

道格得知自己筹不到重新设计核磁共振机器的资金后，便和团队将核磁共振室进行了改造，从而让机器成为孩子们的一段冒险旅程。他们在房间表面贴满了彩色便签纸，盖住了设备、地板、天花板和墙面，然后借助音乐、灯光和香味调动了孩子的所有感官，从而捕捉他们的想象力。

他们设计了好几种不同的冒险系列扫描仪，从海盗船冒险之旅到珊瑚探险，从太空站任务到野外旅行。太空火箭负责吸收飞船穿过太空时扫描仪发出的巨大噪声。

在核医学丛林冒险中，装载表变成了独木舟，孩子们可以坐独木舟沿河漂流。如果孩子们躺着不动，还能看到头顶有鱼儿跃过。没多少额外花费，创造性思维便彻底改变了孩子的体验。从此以后，做核磁共振之前需要服用镇静剂的儿童患者比例便直线下降。

道格通过让其他人参与设计过程，并获得积极体验，这并不罕见。复杂问题不能独自解决，这一点非常有说服力。在明确问题、寻找解决办法的过程中求助他人，就更可能找到整体的解决方案。

弹性组织往往存在“一人参与，全体参与”的文化。在这种文化背景下，问题被看作“我们的”问题，所有人都会努力去解决它。这一点非常重要，不仅能够为彼此提供道德支持，而且能实现更高程度的创新与创造力。面对时间压力、新的复杂情况，需要大家共同解决问题。多角度看问题有助于提出好主意，并对解决方案进行压力测试。某个团队认为完美无缺的方案在他人看来也许存在明显漏洞，因为其他人看问题的眼光与角度不同。

共同创造过程非常有效，有助于发动人们寻找解决方案。人人都希望参与解决问题，而不是制造问题。这在危机时期尤其正确。

基督城第一场毁灭性地震爆发后仅 3 个月，便启动了分享想法活动，鼓励居民展望城市未来的样子。

这项活动一开始设立了人性化网站，获取人们对城市未来形象的展望。人们在网上发表观点后，会按照类别迅速发布。他们不但能看到自己的观点，而且能看到别人的观点。和此次活动相关的新闻和广告展现了公众提交的真实想法——让人们感觉自己的心声得到了聆听。还制作了提交想法的视频，并很快通过社交媒体得到了传播，由此引发了滚雪球效应。通过向人们展示哪些想法已经被提交，促使人们产生更多想法。这项活动迅速发展，人们都积极加入了对话。

这项咨询活动持续了 6 周，有 20%的基督城居民参加了活动，产生的想法数量惊人，达到 10. 6 万条。1 万居民参加了周末的展览会，探讨城市未来。这项活动促使人们开始思考并探讨城市的未来。

用基督城市长的话来说:“分享想法不仅是为了搜集并处理公众的最棒想法，而且是为了消除我们在破坏性地震面前的无能感。”

开展分享想法活动不仅关乎遭受灾难的城市。压力之下，组织往往很容易沉潜待发，组建精选团队来解决问题，误认为让更多人参与其中只会耽误事。但是，如果组织能够在短时间内激发所有人员的精力与想法来解决问题，收获可想而知。

行动学习

基督城第一场地震爆发后一两个月内，City Care 建筑公司邀请我去听取骨干员工的工作汇报，目的是看看他们在“下次”改进反应方面吸取了哪些经验教训——事实上，并不认为很快就会出现类似情况……

按照合同规定，City Care 建筑公司负责维护基督城大范围内的水利与污水处理系统、公路与公园等，因此该公司在修复与重建城市基础设施方面起着重要作用。

地震发生后，公司立刻采取了行动，从全国各地调集支持力量，希望尽快为城市居民恢复基础设施服务。不得不承认，公司的表现有很多地方还需要提高，但是考虑到任务量，公司的总体表现已经相当出色了。

我之所以喜欢 City Care 的故事，是因为它采取的下一步行动，表明这是一家学习型组织，一直对外开放，也在积极寻求不断改善做事方法。一场地震爆发后数月内，尽管其工作量飙升，公司仍然能够抽时间停下来反思其在震后做出的反应，同时还考虑到如果将来出现类似情况自己怎样才能把事情做得更好。

该公司学习渠道之一是它差点错失有关长期恢复与重建的重大合同。在忙于处理恢复基本服务这一紧迫问题时，公司低估了重要宏观问题，比如谁来监管长期重建工作，以及如何监管。基督城被划分为四个重建区域——City Care 负责的重建区域面积最小。

许多组织在应对危机的过程中也会犯这样的错误——它们往往只关注业务应对，看不到其对整个组织的战略启示。通过评审，我们探讨了 City Care 可以如何重组危机响应框架来区分战略与业务应对团队，从而不会忽略任何一方。

不幸的是，仅仅 6 个月后，基督城遭遇了更具破坏力的地震袭击，City Care 也得以将经验教训付诸实践。这次，公司在应对震后情况时能够更好地平衡战略与业务权重。它投入了很多时间吸取经验，这就意味着其业务应对更为平稳。此外，该公司在随后的灾后重建过程中也起到了关键作用，成为联盟成员，负责基督城的整个地下基础设施重建。

尽管 City Care 从过往灾难中成功吸取经验看似显而易见，很多组织却往往会再三重复同样的错误，而且频率很高。City Care 之所以表现突出，是因为它认识到有必要根据获取的新知识迅速调整实践。这一“迅速学习—调整—监督—反思模式”意味着在面临下一场危机时组织能够从根本上改变应对方式。

在这样一个迅速变化的世界，我们的学习方式也需要随之改变。我们并不总是有时间搜集必要的知识与技能，除非真正需要它们。因此，我们有必要更好地学会“在做中学”。

在学习走路时，我们提前并不清楚该做什么，而是通过多种尝试，看看怎样做行得通，怎样做不行，直到最后学会走路。我们也不会被失败吓倒，而是马上站起来，调整走路方式，再去尝试。学走路是个渐进过程——首先学会翻身，然后再学会爬。接着，我们发现自己能倚着跟前的桌椅站起来，之后很快我们便开始扶着桌椅迈步子。最终便能取得很大成绩——能够独立走路。过不了几个月，我们便开始到处跑。

红十字会最近推出了一本小册子，内容围绕引领混乱时期展开。它提出了一条有意思的评论，认为好高骛远难成功。要想鼓励创新与创造力，首先得接受我们一开始不可能每件事都做对，学习过程中必定会经历失败。通过采用快速原型等手段，可以确保失败不会造成灾难性后果。

快速原型周期指的是我们创造出某样东西，请他人来体验或运用它，然后给出反馈。反馈意见被迅速整合，从而改进原型，随后再让他人运用，然后再给出反馈意见。这一周期连续快速重复，用来迅速改进原型的质量。快速原型周期的主要优点在于建立一种心态，让大家认识到任何事情绝不可能一开始就是完美的；这一首次迭代应该随时间推移不断改进。这种心态在实践中有助于让组织更开放，乐于尝试新事物。

“做中学”这一理念也指出，在很多情况下，最适合出主意改进的那些人往往处于业务一线。组织员工往往是提出改进想法的最佳人员。举个例子，瑞典的克拉里昂-斯德哥尔摩酒店采取了大量措施，确保酒店成为创意驱动组织。该酒店位于斯德哥尔摩中心位置，属于四星级酒店，每年平均能从每名员工那里收到 50 条用来改进的设想。这个数目相当惊人。酒店运用 C2 工具（创新文化）帮助员工记录想法，主要围绕如何改善工作环境、氛围，还从客人那里收集想法与怨言。酒店各个部门每周都召开思想聚会，回顾收集到的所有想法，并决定该采取哪些行动。有意思的是，在这个过程中会浮现出经理人不易识别的问题。举个例子，酒吧员工要负责应付心怀不满的顾客，这些顾客经常会误解发放给与会代表的酒吧优惠券——以为自己凭借优惠券应该有免费的酒喝，而不是仅仅打个折。把优惠券上的文字字体调大，避免产生困惑，这个主意既不需要花什么钱，又容易实现。这只是员工提议的其中一种改进方式。每名员工每年提出 50 条改进措施，这样就能积累改善企业的很多种办法。

西南航空公司也善于借助多人的努力来寻求改进。

> 20 世纪 90 年代初，西南航空遇到了一个问题。当时，伊拉克入侵科威特后，导致燃油价格飞涨。石油月平均价格从 7 月份的每桶 17 美元涨到了 10 月份的每桶 36 美元。西南航空的 CEO 赫布·凯莱赫没有对着高管团队纠结于这一事实，而是给飞行员发了个通知，寻求帮助。于是，飞行员便满腔热情投入了进来，帮忙设计并实施减少消耗燃油的计划。经过创新思维，他们想出了一些迅速减少燃油消耗量的方法，同时也不会危及安全或服务。
>
> 与此同时，西南航空有大约四分之一的员工还联合起来打造“发自内心的燃油计划”。他们按照这一计划，自愿捐出一部分薪水购买几加仑燃油。该项目对于航空公司每月 3000 万美元的燃油预算而言只是个小小的帮助，但是却有助于让员工参与解决问题。
>
> 2000 年，燃油价格再次飙升，西南航空需要削减开支时，凯莱赫再次采取了该战略。他给所有员工寄了一封信，信中主要谈的是当前的燃油危机问题——告诉他

们喷气燃料现在 1 加仑涨到了 1 美元，相当于 1999 年成本的 3 倍。而西南航空每星期需要消耗 1900 万加仑燃油。他解释说，公司的盈利能力目前处于危险当中，要求每名员工看看能否每天省出 5 美元。消息一发出，立刻得到了响应。其中一个部门主动提出自己做物业工作。还有几名机械工人想办法如何在给飞机加热时省钱。不出 6 个星期，全体员工就为公司节省了 200 多万美元。在随后一年内，西南航空全体员工每天继续节省 5 美元，终于成功将成本削减了 5.6%。

这种共同应对问题的方式并不是一次性的。该航空公司积极打造了共同解决问题的文化。举个例子，分配工作时面对的对象是一组人，如果没能实现成果则是“团队问题”。公司没有对个人责任进行评估，而是要求团队想办法避免将来出现类似问题。该公司还制定了“步行一英里”项目，任何员工都能替代他人完成一天的工作任务。该项目的接受率非常高——75%的员工参与了工作调换项目。这就培养了员工协作解决问题的能力，飞行员有时会帮忙运送行李，门卫则会帮忙给即将起飞的航班装货物。作为西南航空创始人，凯莱赫称这个项目对于管理而言好比一场噩梦，但是却是他所知晓的建立理解与合作的最佳工具之一。

本章内容强调，提升组织创新与创造力需要良好的学习态度，同时要鼓励多个团队参与解决问题。谁也不可能站在同一个地方看到一座山的全貌，同样，有必要采取多种角度来应对挑战。往往，一开始需要认清组织已经具备的优势，才可能想出好点子。

小结

以下是本章重点内容节选：

- 组织创新与创造力不会凭空产生，这种能力需要精心培养。
- 学习有时候需要舍却所学。要做到思想开明，乐于接受挑战心理模型与根深蒂固假设的新想法。
- 组织学习深受领导行为的影响。如果领导积极提问、乐于聆听，并表明他们愿意接受不同观点，员工就有信心提出新想法与新选择了。
- “确定经验”并不等同于“吸取经验”。要用心吸取经验，并积极将它们运用到运营实践中去。
- 复杂问题很难独自解决。要求助于他人，请他们参与解决问题，调动所有员工的力量做出改进。
- 学习过程中难免会经历失败。要反复尝试，提出更好的解决方案。

快速入门指南：学会不断实践，不断改进

组织遭遇危机时，可以将以下几点作为试金石，确保在考虑解决挑战的方法时能够创造性地思考问题：

邀请他人帮忙	不要总是想着独自解决复杂问题，要学会求助他人。组建多元化团队不仅有助于创造之前可能没想到的很多可能性，而且也意味着你能够从多个角度来检验解决方案
产生想法	不要以为你已经找到了最佳解决方案，要刻意找到做事情的多种方法。不但要通过反复的快速头脑风暴来寻求大量想法，而且要鼓励人们进行创造性思维
反复尝试，并提出解决方案	不要苦于寻找理想的解决办法，要明白只有反复尝试才可能实现完美。要加快提出方案的过程，先着手做，寻求反馈意见，然后不断改进
改变场所	是不是感觉有些疲惫，没了主意？试着换个地方——激发创意的最好办法就是换个工作场所
博采众长	或许你会觉得组织面临的处境很独特，不过请相信我，事实并非如此。世界上其他地方肯定已经有人应对过类似挑战。快速进行谷歌搜索，看看有什么发现。同时要利用社会资本——发动其他人利用各自关系网，看看能不能提出一些建议

争取专家投入	向经常处理这类问题的人寻求帮助，找捷径提出解决问题的办法。他们也能够很快提出一套可能的解决方案，供你研究
为日后积累知识	每次想到“要是我们……就好了”，或者“要是我们能……就好了”，一定要把这些想法写下来。这是吸取经验的起点。看看下次能否实现愿望清单上的其中一些想法

弹性举措——构建创造力

本书结尾处提出了组织可以用来提升弹性的大量举措。涉及提升组织学习能力的举措包括：

4\. 鼓励他人提出想法。

32\. 共同提出解决方案。

33\. 帮助大家摆脱固有思维。

34\. 搜集更多好主意。

35\. 汲取新观点。

36\. 不要有压力。

37\. 培养团队中善于解决问题的人。

38\. 你所在组织属于学习型组织吗？

39\. 有意吸取经验。

41\. 吸取教训。

57\. 谨慎应对变化。

第 7 章　弹性要素的下一层面

弹性组织弹性模型中有 13 项弹性指标。前 5 章内容讨论了创建弹性组织需要的五大重要要素。之所以优先考虑这五个要素，是因为如果满足这五个要素后，其他要素自然而然就更容易满足。举个例子，如果组织具备强有力的领导力，那么就会产生一致目标。假如你很擅长建立并维持有效伙伴关系，就有助于弥补内部资源不足。同样，如果组织具备高度协调的态势感知能力，就更容易为开发未来潜力做好准备。

尽管这种优先次序很有用（相比 13 项指标而言，关注 5 项指标更为容易），但组织和人一样，其表现不可能总是如我们所愿。有很多组织很清楚自身面临的重大危机，但是出于某种原因似乎不愿意，或者无法做好相应准备。同样，也许组织具备强大的领导力，这一领导力很可能分散在多个领域，因此组织内部会出现界限，不同的部门会持有不同宗旨。本章旨在简要介绍研究发现的其他 8 个弹性指标：

- 规划策略；
- 压力测试计划；
- 决策；
- 内部资源；

- 运用知识；
- 积极姿态；
- 目标一致；
- 打破孤岛现象。

以防不测

2008 年 2 月 7 日，皇家糖业公司发生爆炸，导致 14 人丧生，36 人严重烧伤或受伤。而这一灾难本来不该发生。

2007 年，皇家糖业公司还是美国最大的制糖厂之一。其生产设施位于佐治亚州文特沃思港，主要是将原蔗糖转化为多种糖产品。公司借助传送带和升降机系统，在工厂运输糖产品。这个过程非常混乱，大量的糖会撒到地板上，有时候能堆到膝盖高度。有一名工人报告每天都需要用橡胶扫帚清理道路，才能到达他操作的设备那里。可以说，工厂的后勤服务程序相当差。

工厂内的设备也产生了大量糖粉。众所周知，糖粉危害性非常大。早在 1925 年，《工业粉尘危害》一书中就指出，糖粉、糊精粉、淀粉，以及可可粉危害性很大——糖粉危害性尤其严重。当糖粉在空中传播时，就会引发问题。假如聚集了充分糖粉，并与着火源接触，那么产生的火焰就会迅速穿过尘埃云。假如是在密闭空间着火，产生的气压很容易引发爆炸。

多年来，皇家糖业公司极差的后勤管理一直是其运营劣势。虽然这个问题反复被提出，但是公司并没有采取恰当行动。1967 年，制糖工程师的内部日记指出，有必要消除糖粉的高密度聚集。仅仅 1 年后，也就是在 1968 年 9 月，糖粉车间便发生了尘爆事件。制糖工成功灭火，但是仍然没能避免大火和浓烟造成的严重破坏。

1998 年，得克萨斯州另外一家皇家糖业公司制糖厂的糖粉车间也发生了糖粉爆炸事件，导致一名员工被严重烧伤。然而，事故发生后 8 年多，企业安全管理人员在日记中写道，公司仍然没有制定任何厂址的正式保洁/后勤政策。

2008 年年初，文特沃思港加工楼房顶的干式除尘器发生了轻微爆炸。所幸，除尘器被安全减压，因此避免了爆炸，但是除尘器却停止了使用。

差不多与此同时，皇家糖业公司从外部聘请了一名顾问来评估除尘系统。评估报告提出了大量设计与维护缺陷。除尘设备处于失修状态；一些设备尺寸太小，其他一些则安装不合理。有些排气管里面布满了糖粉。咨询顾问的报告交给皇家糖业公司管理层仅几天后，灾难就来袭了。

2007 年，皇家糖业公司做出了改变，安装了带有顶盖和侧板的不锈钢钢架，为的就是完全封闭每条传送带，避免砂糖散落。封闭传送带后，糖粉被封在了传送带里面——从而达到了爆炸浓度。

2008 年 2 月 7 日下午 7 点 1 刻左右，皇家糖业公司工作人员突然听到一声巨响，像是大量包装材料坠落。

不久前，其中一条封闭的传送带内刚刚发生了初次糖粉爆炸。由于初次爆炸产生的气压波席卷了整个车间，因此激起全厂糖粉肆虐。房顶周围的房梁和椽子上多年的积尘四起。3—5 秒钟后，糖粉便点燃了。包装大楼和筒仓上方产生了巨大火焰和大量碎片。随着爆炸产生的威力从包装大楼蔓延到邻近建筑，导致车间内部 7. 4 厘米厚的混凝土地面隆起。

在包装大楼内的工作人员几乎没有获得任何预警的情况下，墙面、设备和家具就已经被爆炸震得乱七八糟了。工人们试图逃出去时，不幸被过热的气流灼伤。走廊里到处堆满了废弃物碎片，一些出口也被堵住了。爆炸造成水管破裂，导致消防喷水系统失灵。

设备周围聚集的粒状糖和糖粉加重了火势。爆炸通过封闭的传送带向四处蔓延，导致距离事发地点几十米远的其他建筑着火。巨大的火球源源不断从设施里喷出，一直持续了至少 15 分钟。

皇家糖业公司遭遇的灾难原本可以避免，其惨痛教训表明不遵守严格的工作纪律可能会引发的严重破坏。这一事件突出了弹性的两大重要指标：组织规划方式以及对这些规划进行压力测试的程度。

规划策略

一提到组织弹性框架下的规划策略指标，人们往往会把它当作组织危机与应急响应措施，或者业务连续性规划方案。

从弹性角度而言，这些具体方案非常重要，但是规划策略指标并非仅仅包含这些，而是更注重组织的整体规划——我们感兴趣的是组织的工作纪律。

2008 年，在访问美国杜邦集团总部期间，我首次接触到工作纪律这一概念。当时，我和杜邦集团首席工程师兼工程与运营副总裁吉姆·波特一同下楼梯。他突然转向我，要求我抓紧扶手。我当时虽然很惊讶，不过也立刻照做了。

吉姆解释说，杜邦集团有一条规定，那就是任何人在上下楼梯时，都必须时刻保持与楼梯有两个接触点，以防滑倒、绊倒或摔倒。在接下来的一整天时间，我所遇见的杜邦每一名员工都展现出了一个共同点——自始至终采取正确的做事方法——这是做事的唯一一种方法。更让我惊讶的是，如果有员工在公司地盘上开车时不系安全带，就可能遭到解雇——我从来没有听说哪个组织这么重视健康与安全问题。

杜邦集团在确保运营规则立足组织文化核心方面付出了巨大努力。简单而言，运营规则意味着遵守一系列制定周密、定义明确的过程，并能够从头到尾正确落实。杜邦集团称，这是公司实现运营绩效的方式。

高效的运营规则是高风险行业高度可靠性组织的重要特征，比如核能或者航空业。这些行业一旦出事，就很容易造成灾难性后果，因此在实际工作中需要确保零失误。

早在 19 世纪，杜邦集团还是火药制造商——堪称那个年代风险最高的行业。如今，公司已经有 200 多年的历史。公司创立之初，就制定标准，打造安全文化。皮埃尔·杜邦把家安在黑火药制造厂正上方不远处——这是距离工厂最近的房子。这就强烈表明一定要重视人员安全。一旦发生爆炸，他会第一个感觉到。早在1811年，公司就制定了安全规则。

1818年，碰巧杜邦全家人都没在家，工厂发生了一次爆炸事故，导致34人丧生。之后，不论何时，只要出现火药新配方，一名杜邦家族成员必须亲临火药测试现场。如果说某种火药对于杜邦家人而言不够安全，那么它对员工也就不够安全。

迄今为止，杜邦集团高管层仍然坚持，他们的运营规则不仅仅具备安全效益，而且能够提升组织预测能力。它们能够提高效率、减少错误、提升质量。具备严格的运营规则关键是要夯实基础。从弹性角度而言，这一点非常重要，因为它意味着组织能够减少危机。

压力测试计划

能够制订计划当然好，但是弹性组织也能够时刻注意到计划所受限制。他们会积极证实自身的错误假设。

未经积极压力测试的计划可以被当作“幻想计划”，即从书面上看起来一切都已理顺，但从实际上看却无效或者不切实际的计划。俗话说，任何计划都经不起首次实践检验，但是至少可以在危机来临之前努力找到其最薄弱的方面。弱点的根源也许相当惊人。举个例子，1992年安德鲁飓风爆发后，电信公司发现，恢复服务的关键障碍并非公司在预测到破坏之前所储备的电线杆、电线和开关，而是需要日托中心。电信公司的许多现场操作员工都有子女，需要日托。飓风毁掉日托中心后，必须有员工待在家照顾子女。这就意味着公司依赖的职工总数突然不够了。最后，公司想方设法找了一些退休员工照顾临时的日托中心，从而让有子女的职工投入工作，恢复电信网络。

做好准备需要实践。团队不可能在灾难发生当日顺利到位，危机响应也绝不可能如预期那样运作良好。训练员工、对计划与应对能力展开压力测试，就能够培养基本技能与运营规则，来应对一切可能出现的困难。关于如何做到这一点，详见本书结尾处的“落实弹性举措”部分。

适应运作方式

不幸的是，未来就是那么难以预测。很多传统的业务流程均围绕减少不确定性展开，以便业务工具与技巧能够掌控流程。但是，如果无法实现这一点会怎样呢？世界变得如此复杂，我们需要找到解决问题的新办法——能够适应不确定性与复杂性的技巧，而不需要抑制这两个方面。

为了阐明这一点，世界银行正在探索重塑气候变化适应投资决策的方式。气候变化以及如何应对这一变化，充满了深度不确定性与复杂性。科学共识表明，全球变暖是温室气体的排放所致，但是这一点对于某个地区未来的气候状况而言意味着什么，以及气候变化可能会给不同领域与机体造成的具体影响，专家们意见分歧仍然很大。随着气候学的不断发展，以及人类知识的不断进步，部分这方面的不确定性将会消失。不过，其他方面很可能会增加。假如组织或社区希望投资于减缓并适应气候变化带来的影响，那么这一不确定性就会迅速成为行动障碍。人们都希望做到不浪费资源，然而事实上我们连需要减轻的影响都不确定，这一点必将令人感到不安。

世界银行等指出，传统的决策过程要求我们首先赞同有关当前与未来状况的假设，从而减少不确定因素，这一点可以应用在寻找最佳解决办法的分析中。虽然通常会通过敏感度分析来评估不断变化的假设所产生的影响，但是这一决策评估手段的前提在于，我们可以广泛预测到未来可能出现的状况。

认为我们能够有效预测到未来状况，这一点并不可靠。在高度复杂、相互关联的现实世界里，存在很多能够制造非线性影响的事情。大量研究文献表明，我们对未来的预测往往是错误的。举个例子，20 世纪 70 年代以前，油耗速度稳步增长（而且可以预测）。一个世纪的有效数据表明，国民生产总值与能源消耗之间直接相关。然而，1973 年爆发的石油危机却引发了翻天覆地的创新、行为与政策变化。这就导致能源效率大幅提升，从而使得石油的未来使用变得大不一样。而这在石油危机爆发之前根本难以想象。

经济预测是另一个例子。尽管在这方面投入了大量精力，却仍然靠不住。美联储每年都调查经济预测专家的意见，希望了解他们对下一年 GDP 变化的预测。从 1993 年到 2010 年这 18 年间，GDP 实际数值有 6 次都超出了预测专家 90% 的置信区间——如果说专家的预测意见具有 90% 的置信区间，那么实际结果则是预期结果的 3 倍。其他研究人员也曾研究过知名分析家在《华尔街日报》上发表的预测结果的有效性。通过调查他们对未来 6 个月利率的预测，研究人员发现，虽然分析家通常能够就短期与长期利率变化达成一致，但是他们的预测意见并不比随机数发生器对某一段时期利率增量变化的预测意见精确多少。

如果说预测对于毕生专门从事这方面工作的专家而言都相当棘手，可想而知组织也无法准确预测需要为未来做哪些准备。这就意味着有必要开发新的思维与工作方式，便于组织未来的生存、发展以及把握机遇。

目前，我带领一组研究人员在地震弹性卓越研究中心 QuakeCoRE 做研究，想了解新西兰如何才能更好地提升其应对地震的弹性。我们面临的挑战是，关于提升弹性有多种不同方法，但是我们却缺乏充裕的时间、精力与资源来做这些事。因此，就需要考虑清楚应该把精力优先投入到哪些方面。但是，在不同的弹性途径中做出取舍相当困难，因为这就好比拿苹果和橘子做比较。

就新西兰而言，可以采取多种不同的弹性策略提升社区应对地震的弹性。比如，可以借助立法改变建筑条例，要求所有新建和升级建筑都必须提升建筑标准；还可以为业主提供奖励，鼓励他们改善建筑物质量；另外一种选择便是改变土地使用规划条例，确保避免在高风险区域开发土地；也可以投资提升政府管理能力，从而使得弹性反映在社区运作方式中；再或者，可以投资减少贫困，改善社区的教育，提高社会资本；或者重点提升重建并从地震中更好更快恢复的能力。

就其本身而言，上述每种措施都有助于切实改善我们应对地震的弹性。其中一些在生效之前需要相当长的筹备时间；如果这些措施还没来得及奏效，地震就发生了，那么投入获得的回报很可能会有限。然而，其他一些措施则在地震没发生之前也能产生积极影响。

按照传统的决策评估方法，我们需要评估地震在约定的决策时间表内发生的可能性，以及有或没有投资的情况下产生的成本与收益。然而，大多数分析都将基于对新西兰经历地震风险的“普通”认识。假如在接下来的50年内，国家进入异常的地震平静期，地震次数很少会怎样呢？在这种情况下，什么样的弹性投资会是最理想的呢？假如情况变得不稳定，全国各地接二连三遭遇地震会怎样呢——哪些弹性策略能够让国家熬过困难时期呢？未来这些可能性都存在，但是针对这些不同的可能性，最好的投入是选择不同的弹性举措。

那么，如果下次地震爆发之前情况发生了巨大变化，又会怎样呢？在新西兰，目前针对地震的商业与住宅保险是现成的，而且相对廉价。而在很多地震易发的国家，情况并非如此。如果未来新西兰的地震保险也变得更难，或者更昂贵，会怎样呢？这样很可能会极大地改变许多弹性投资的收益-成本状况。

上述案例表明，弹性要求我们调整思维，从而更好地应对面临的复杂状况。许多标准的业务工具与做法在高度不确定的情况下无法发挥正常作用。因此，我们需要思考新的做事方法，从而识别强大有效的策略，不管未来会是什么情形。以下是就下列三大弹性指标提出的一些这方面的想法：决策、内部资源与运用知识。

决策

组织制定决策的方式会对其弹性产生重大影响。一些组织会认真分析事情，并由此陷入“分析瘫痪”。其他组织的决策方式则相对“鲁莽”，因此会犯愚蠢的错误。我还见过一些组织在危机期间会彻底转变决策风格——摈弃传统的决策实践，选择全新的手段，但是这样做效果并不好。

既然不存在实现弹性的理想领导风格，同样，也不存在所有组织都应该采用的完美决策方式。以下原则旨在帮助组织调整原本的决策风格，从而为提升弹性做更好准备：

- 要考虑多种选择：决策研究人员有一大惊人发现，能够迅速做出决策的人依靠的并不是缩小关注焦点，而是会刻意地考虑多种可能的选择，然后再做出选择。有些人甚至会支持做出他们原本不看好的选择，为的就是激发他人的争论，并形成对比。

为什么相比考虑一两个选择而言，分析多种选择速度更快呢？因为将多种选择相比较更容易识别它们之间的区别与优劣。举个例子，假如你打算买辆新车，那么要想坐下来具体说清楚（非抽象）你想要什么样的配置很难。但是，如果去试驾五辆不同的车，就能很快厘清思路，搞清楚该如何取舍燃油效率、外观、舒适性和性能。知道自己不喜欢什么之后，有助于搞清楚喜欢什么，以及优先取舍。

同时比较多种选择还有其他两大益处：其一，这样做有助于树立信心。通过考虑各种潜在选择，更容易下定决心，而如果只深入考虑某种选择就很难做决定。其二，这就意味着假如首选出于某种原因不理想，你已经对其他备选项进行了分析，有助于避免“锁定”某种做法，并固执地坚持它，即便其缺陷已经暴露无遗。

- 多角度检验选项：虽然有时候需要马上制定决策，没时间咨询他人，但是即便在危机时期，这样的情况也少之又少。不可避免的是，容易出错的选择往往是某人单方面采纳的那些。所有决策都需要经过压力测试，即便只是把它讲给一两个信得过的人听听，让他们发表看法。最好能够确保身后有强大的团队支持，需要有既能支持你又能提出建设性质疑与批判意见的人。有过人力资源工作经验的人通常会从人、能力、就业角度审视问题；具有营销眼光的人则会重点关注某种做法对客户产生的影响。从多种不同角度考虑问题（以及潜在解决方案），有助于提出新思路——从其他角度应对挑战。

- 寻找有力的解决方案：要留意脆弱决定——这类决定从某一类假设来看最为理想，但是从其他假设来考虑，其实际操作效果很差，甚至会带来破坏。弹性要求能够辨别并采纳未来不确定、不尽如人意的情况下仍能发挥作用的有力决策。要调整决策标准，优先选择在多种情况下都能发挥良好作用的选择。

- 确保选对人：在美国海军中，航空母舰甲板上的所有海员如果发现问题，都有责任立即停止飞行，无论他们资历如何——如果发现安全隐患，就有权采取行动。危机时期，通信往往会不畅。因此，需要授权职工做决定并采取行动，而不一定非得首先征得许可。

在接下来这一个月内，要重点关注组织哪些人做了哪些决策，然后考虑层级是否得当。假如高管团队经常讨论并决策一些低级问题，就得想办法鼓动他们把这些任务交给下属完成。假如基层员工经常做的决定本应该得到高管人员的关注，就得考虑这背后的原因了。是不是经理太忙了，职工没机会向他们汇报请示呢？是不是员工有意升级问题，因为他们担心上级的过度干涉呢？稍微花一些时间，分析不同情形下谁有能力做出哪些决策，有助于授权员工放手去做，同时为高管腾出时间去处理重大问题。

了解更多关于如何在充满变数与不确定性的条件下制定决策，请见本书结尾“落实弹性举措”一章。

内部资源

未来深不可测，因此可以优化资源配置（员工、设备、库存与声誉等），从而确保经营顺畅有序。这种想法确实很诱人。但是，就像父母要求子女以备不时之需一样，组织也有必要掌控其他资源，以防事态发展不够理想。

这并不一定意味着需要准备大量得不到充分利用的空闲资源。通过管理组织资源提升弹性有多种方式，以下列举的方式或许有助于扩展资源用途。我还列举了一些例子，明确如何将这些原理应用于人力资源。不过，这些原理同样适用于其他类型的资源。

- 弹性设计：在设计体系与流程时要时刻谨记弹性，避免由此引发问题。举个例子，从人员角度来考虑，不要总是让员工超负荷工作——这样只会导致组织更容易受员工倦怠心理与绩效不佳等影响。

- 储备额外工作潜能：假如有些资源对于组织运营而言非常关键，一定要确保手头有备份，或者知道从哪里能迅速得到它们。虽然无法克隆最佳员工，但是完全可以制定接班人计划，确保关键岗位至少有两人有能力拿下。

- 具备变通方法：想想如有需要是否有解决问题的其他方法。比如，如果办公地点不可进入，那么员工能否在其他地方工作，比如家里，或是其他某个地方？

- 重新部署现有资源：随着工作重点发生变化，要将资源从组织某个领域转移到其他。举个例子，如果出现了流感疫情，一半员工都在休病假，那么绝不能让剩余在岗员工超负荷工作。否则，他们也会病倒。要认真考虑所有人的工作量，决定哪些事情是首要任务，同时允许员工暂时搁置或放下手头不重要的工作。

- 寻找外援：有时候组织内部很可能无法满足某些资源需求。在这种情况下，可以想办法迅速从组织内部寻求并整合资源。举个例子，假如短期内需要再来 10 名 IT 人士，可以考虑谁能提供这些资源。可以从分包商那里或者依据互助协议借调或者以其他方式共享员工吗？

虽然上述例子主要关注人，但组织还需要经营其他很多内部资源。知道维持业务发展的重点以及方式是业务连续性计划的核心。了解更多关于发展业务连续性计划的信息，请见本书结尾“落实弹性举措”一章。

在许多组织看来，保险是一项重大机制，能够在突发事件破坏资源后为资源更替提供资金支持。不过，有一点很重要，那就是保险并不是万全之策，无法彻底赔偿损失。大额保险索赔必定非常复杂，需要花费大量时间与精力来进行协商，也需要很长时间理赔。关于如何确保现有保险适用并在需要时真正发挥作用，请见本书结尾“落实弹性举措”一章中的保险举措有关内容。

运用知识

由于本书前面内容已经有好几次提到有必要运用知识，因此此处只做简单描述。运用知识这一指标主要涉及确保组织现有知识受到保护，而且易于获取，这样才能被组织充分利用。这些知识包括数据、信息、关键技术技能、机构记忆、隐性知识、经验以及专门技术。要求了解组织什么时候能力不足，需要利用外界技术。

有效做事与员工敬业度（第 3 章）、利用社会网络赢得支持（第 4 章）、组织内部信息流通方式（第 5 章），以及组织乐于接受不同观点（第 6 章）等内容密切相关。

弹性氛围

“我们的目标是不能 MOCHED。”这是一家重要基础设施提供商的 CEO 对所有新入职员工的要求。MOCHED（发音同 mocked）代表重大故障引发巨大经济动荡。这位 CEO 每天担心的并非日常风险，而是重点关注可能会给社区与公司造成难以承受后果的那些风险。

类似这位 CEO 与新员工的闲谈这类内容效果很好——有助于打造注重弹性的组织文化。无论是类似 MOCHED 这样的缩写，还是其他什么机制，都应该想办法鼓励组织员工参与到弹性对话中去。

将弹性思维植入组织内部非常有效，因为弹性文化不仅有助于制定良好的危机预案，开展实践，而且有助于让组织上下都树立思维与认识，知道世界很可能会以意料之外的方式改变，因此必须做好准备。接下来三个指标主要是关于如何在组织内部营造潜在氛围，从而使其齐心协力应对各种挑战。

积极姿态

组织要想具备弹性，需要保持积极姿态，也即需要做好战略与行为准备，应对早期的变化预警信号——以防演变为危机。积极姿态与组织态势感知能力密切相关，只是更关注组织将意识落实为行动的意愿。

积极主动意味着深谋远虑，能够预见未来并提前规划。做到这一点需要投入时间与大量精力。组织内部人士是否经常能够暂时从日常工作中抽身出来，认真评估、反思事情进展，并创造性地思考未来可能出现的状况，以及自己能做些什么呢？

给小型企业主提的最常见的建议是，他们需要从被动的业务工作中抽出时间，以便积极做好业务工作。该建议同样适用于大型组织员工。假如总是一门心思埋头苦干，只关注当前的问题，那么很可能看不到未来。抽时间稍停片刻，思考发展方向，如有必要及时改变努力方向。

目标一致

我曾经和一家建筑公司共事。这家公司员工的表现正是出问题时理想团队应有的表现，令我非常惊讶。其目标高度一致的特点很是显著。通过交谈，我发现公司高管层很明确危机时期组织的当务之急是什么。施工队虽然措辞不同，但是表达的意思也是一样的。公司上下都坚信他们的核心使命。可以肯定地说，只要公司需要他们，这些员工就会主动采取行动，根本用不着呼吁。

组织遭遇危机时，能否人人做到齐心协力呢？团队是否具有为之努力的共同目标呢？所有人都携手共进时，就能成大事。要想在拔河比赛中取胜，所有人都必须向后使劲。如果有人稍微向左使劲，有人向右使劲，说明他们在对着干，而不是齐心协力。如果有人在喊口号，大家就能往一块儿使劲，聚集更大力量，赢得比赛。这就是目标一致的含义——确保所有人都明白努力方向，然后齐心协力实现目标，而不是互相对着干。

目标一致听起来容易，做起来却相当难。危机时期，组织需要做出一些艰难决策——一方面优先考虑实现某些目标，另一方面搁置其他目标。对习惯于在日常工作中完成次优先任务的员工而言，这一点很难接受。这部分员工是否能够全身心投入实现新的工作重点，取决于领导力以及这些员工对组织和团队的敬业程度。

打破孤岛现象

如果远距离观察常见的组织机构图，就会发现它好比是彼此挨着的一系列粮仓。这是高管团队自上而下联合打造的关联，但是每位高管人士都分别负责一块领域，有固定的下属向其汇报工作。当然，这种表现手法属于简化。事实上，组织并非像组织机构图所展示的那样处于静态运作中。不过，这种类比也很有用。当组织某个团队或一部分人过于关注自我，将团队目标置于更宽泛的组织目标之上，那么组织内部就会出现孤岛心理。引发这一现象的原因很多，包括渴望权力的领导希望打造自己的小天地，或者是出于更疯狂的原因，比如团队成员在不同的办公室或全球不同地区工作，永远也不可能碰面等。

组织内部，组织之间，甚至不同领域人士（比如工程师 vs 会计）之间都可能出现孤岛现象。这属于和人类行为相关的文化现象。如果组织内部出现不同阵营，出现了“我们和他们”这样的认识，就说明出现了孤岛心理。如果曾经听到组织内部某个团队抱怨另一个团队，听起来好像对方属于“对手”，而非同一团队，那么就说明出问题了。

孤岛现象对组织颇具危害，很可能引发通信不畅，妨碍合作与协调，导致精力分散。假如在组织日常运营中员工都不具备团队合作精神，那么别指望危机时期他们能够良好协作。团队精神属于一种技能，需要培养、锻炼。要想在组织孤岛中建立联系与沟通桥梁，应注重打造职场环境，将大家团结起来，奖励协作与积极行为。在组织内部建立良好联系方法甚多，首先不妨试着定期跨组织组建团队，解决日常问题。

保持联系并良好合作对于弹性而言非常重要，因为在迅速变革与危机时期难免会出现工作量骤增。组织上下需要主动帮助深受影响的同事。虽然危机时期需要组织上下做出回应，这一点看似很显然，但是实际情况往往并非如此。我们经常发现，其中一个部门在竭尽全力应对重大问题，而组织其他部门则继续无视特殊情况，仍然要求他们完成日常工作，比如按时上交工时单等。如果能够让组织齐心协力，组建高效团队，就不愁弹性问题。

小结

以下是本章重点内容节选：

- 在组织内部灌输严格的工作纪律。只要做好基础工作，组织就不容易遭遇危机。
- 准备工作需要实践。要注重培训员工，积极检验计划与应对能力，从而培养他们应对意外情况的基本技能与工作纪律。
- 既然未来很难预测，就应该锻炼能够选择有效方案的决策技能，不论未来会是什么情况。
- 创造性地思考一个问题，要想满足迅速变化的需求，应如何管理并伸缩组织资源。
- 确保组织现有知识安全、容易使用，这样就能在危机时期得到充分利用了。
- 积极主动做好深谋远虑，能预见未来并提前规划。抽时间稍停片刻，思考发展方向，如有必要及时改变努力方向。

- 危机时期，组织需要做出一些艰难决策——一方面优先考虑实现某些目标，另一方面搁置其他目标。要确保员工就此达成共识，齐心协力实现目标。
- 孤岛现象对组织颇具危害。应注重打造职场环境，将大家团结起来，奖励协作与积极行为。

快速入门指南：其他注意事项

组织遭遇危机时，可以将以下几点作为试金石，确保努力的方向正确：

明确目标	如果人们不清楚你的目标，就不能帮你实现它。花时间说明你希望实现什么、为什么，然后告知需要知道的那些人
做好准备，迎接惊喜	不要只为预料之中的事订计划，也要防备不测。要经常考虑事态发展的多种可能。想办法找一些适用于多种情况的解决方案
欣赏不同观点	集中多个团队检验想法，并提出新的解决方案。要围绕具体问题而不是专业领域组建团队，这样有助于促进跨学科、跨团队合作，使得大家在制订解决方案时考虑所涉及问题的利害关系

反思，调整主次，重新部署	改变普通思维模式以及做事方式。面对危机，需要及时做出回应，灵活多变，适应力强。如果以往的做事方法不起作用，就要想出新办法
面对危机，抢占先机	虽然目前面临的挑战看似已经足够多，恐怕将来还会出现一系列全新挑战。危机态势会不断发生变化。我们应该像象棋手一样事先多考虑几步棋。明天、下周或者下个月会遇到什么重大问题呢？现在怎样做才能处于更有利位置，去应对可能出现的挑战呢

弹性举措

本书结尾处提出了组织可以用来提升弹性的大量举措。涉及防备不测、改变工作方式以及打造弹性氛围的举措包括：

40. 有效应对危机。
41. 吸取教训。
42. 与团队共同制订计划。
43. 在掌握部分信息的情况下做决定。
44. 激活危机响应。
45. 将快速入门指南打印出来。
46. 定期检验应急预案。

47. 做好应对与危机恢复。
48. 与其他组织一起练习。
49. 使计划社会化。
50. 明确员工的不足之处。
51. 确保拨出一部分资金，以备不时之需。
52. 充分利用保险。
53. 确保能联系到他人。
54. 提前准备好关键通信信息。
55. 利用危机响应能力处理日常业务挑战。
56. 开展良好的决策实践。
57. 谨慎应对变化。
58. 制订良好的接班人计划。
59. 关注知识转化差距。
60. 鼓励跨部门工作。
61. 尝试改变。
62. 养成灵活的工作实践。
63. 将弹性作为组织目标。
64. 在日常工作中植入核心价值。
65. 打造乐观文化。
66. 保持战略重点。

第 8 章　植入文化

组织弹性取决于领导力与文化，能够引以为援的网络与关系，以及对应变能力的战略定位。我在本书总共明确并引入了 13 个指标，供读者用于判断并提升组织弹性。其中 5 大指标尤为重要，因为它们影响深远。本书对它们一一做了深入介绍：领导力、员工积极性、有效伙伴关系、态势感知以及创造力。只要这五方面做对了，组织不仅具备足够的弹性面对逆境，而且会发展更好。

弹性并非市场上现成的东西，而是需要“植入”组织，需要成为组织氛围、文化以及工作方式的一部分。虽然这有时候听起来似乎难以实现，但是其实完全可能做到。即便大多数组织的机能紊乱可以改变，但也需要慎重与持续努力。本章列举了在组织文化中植入弹性的三大要素：早做打算，不断努力，抓住机遇。

早做打算

很多人都看过一些书，其中倡导良好的职场文化在提高工作性能方面发挥着重要作用。然而，良好的管理实践不一定很常见。即便知道它的重要性，面对压力，人们却很容易将重点转移到其他事情上。SCIRT 公司的案例说明了刻意关注文化能够实现成就。

邓肯·吉布面临一项任务，即从头组建全新组织。他是 SCIRT 公司的 CEO，也是第一名员工。该公司致力于完成价值 20 亿美元的基础设施维修与重建。邓肯处于高压工作环境下——他在努力实现灾后城市重建。身为公司一员，他需要集结当地政府与中央政府基础设施所有者的力量，来修复并重建基督城上下遭到地震毁坏的地下基础设施。

邓肯一开始就非常注重塑造 SCIRT 文化。他在所有关键决策步骤都首要考虑以下问题：这样做是会促进组织朝着实现高性能文化发展呢，还是会倒退？

组织文化涉及办公室布局决策（洗手间专门安排在办公楼核心位置，方便不同团队之间沟通），以及团队命名（例如红队、蓝队等），这样不同组织之间形成的员工界限就会迅速被打破。组织利润结构的设计能够确保高绩效团队提升所分担的工作量（鼓励竞争），但是如果某一团队无法实现目标，所有团队将共同承担经济处罚（鼓励合作，鼓励高效能团队帮助低效能团队实现目标）。关键绩效指标包括衡量团队文化贡献的权值，比如合作、创新以及学习水平指标。为了搞好组织文化，投入了大量预算，同时请教练帮忙提升团队活力，结果便得到了具备乐观进取文化的组织，员工被鼓励起带头作用并做到积极主动。

众所周知，营造适当环境对于组织成功而言非常关键。SCIRT 公司的案例表明，组织文化不一定非得靠偶然机会，而是可以得到组织推崇的价值观与行为方式指引、影响。

如果想实现组织弹性，就需要早做打算：

1. 和团队成员一起厘清组织目前的弹性优势与劣势。从“落实弹性举措”一章提出的某种工具着手。

2. 分清轻重缓急。不可能马上解决所有问题。要选择打算首先重点解决的两三个方面。

3. 组建多元化团队来实现这一重大使命，就如何进行改善制订计划。

4. 严格实施计划。不要把它当作无关紧要的举措——就像面对客户那样认真做好项目管理。

5. 追踪进度。向团队汇报事情的进展。按需要评估并调整计划。制订明确、可衡量、可分配、实际、有时限的明智目标。

6. 一旦完成计划，应该好好庆祝，并明确即将面临的下一挑战。

不要只是希望组织具备弹性，而是要去实现它。用邓肯的话来说，希望不是什么好方法——需要早做打算。为什么要在这么重要的一件事上听由天命呢？

不断努力

组织弹性不可能一夜之间实现，要付诸努力。如果在组织内部过快推行改革，很可能会遇到阻力。要制订两到三年的工作规划，从而部署弹性步骤。一开始从容易实现的目标着手（即认为轻而易举能够做到的一些小事）。这样一来，就能取得一些前期成就，接下来等树立良好势头与成就感后便可以逐步解决更具挑战性的问题了。

记得让其他人也参与到这一过程中来。其中一种方法便是调整弹性计划，目的是能够帮助其他人实现关键目标。举个例子，假如人力资源团队在致力于具有弹性效益的某个项目，就应该全力以赴促成该项目。记住，互惠的一大黄金法则便是先播种后收获。组织内部一些人很可能会认为受弹性探讨所威胁——担心这样会在某种程度上分散他们的工作精力。要调整弹性努力，帮助其他人实现组织目标，从而赢得支持。

要保证定期评估、重新定位并激发弹性计划，避免它日渐消逝。不幸的是，弹性并不像金子一样可以储存起来以备急用。我同事约翰·瓦戈经常说，弹性更像是健身，需要不断下工夫，否则就会迅速退化。

抓住机遇

看完这本书，读者肯定会进一步认识到组织非常有必要做好准备应对变化与逆境。但是，或许其他人不太认可这一观点，因此提前要有心理准备。在和他人谈到组织提升弹性的必要时，不要只关注组织做好准备应对重大灾难的需要。虽然灾难的确会发生，而且全世界灾难不断，但是认为灾难不会发生在自己身上是人的本性。

不妨通过展示弹性给日常生活带来的好处来说明弹性的重要性。弹性有助于确保组织时刻警惕变化，并具备应对心态与灵活性。机会无处不在，但是，组织必须具备抓住机遇的能力与先见。不要把弹性当作另一种保险方式，而是要将其看作一种投资，这种投资能够让组织更好地应对未来，促进组织发展，不管未来会出现什么状况。

小结

以下是本章重点内容节选：

- 即便最不具弹性的组织也能改变，但是需要慎重与持续努力。
- 要想打造弹性组织，就需要早做打算。确定优先领域，制订计划，并根据类似原则实施计划，就像对待重大客户项目一样。
- 打造成功平台。从小事情着手，然后逐渐转向应对较复杂的挑战性问题。
- 鼓励他人参与进来。确保弹性计划与其他组织目标保持一致。
- 弹性不仅仅涉及做好准备应对灾难，同时要确保组织敢于面对未来任何状况。

第 9 章　落实弹性举措

本章提出了一些实用建议，帮助提升组织弹性。根据本书每章内容对上述建议进行了分组。每章结尾处都对与其最相关的弹性举措进行了说明，不过，章节之间存在很多交叉，因此不要受分组限制。如果认为可以通过调整某个建议更好地满足目的，那就不遗余力去做吧。

多年来，弹性组织团队一直在采取各种方式搜集提升组织弹性的建议。具体来说，夏洛特·布朗在这方面做出了重大贡献。由于存在多种不同类型的组织，而且这些组织都在从事不同的业务，经营背景也不同，因此几乎不存在任何时候都适用于所有组织的一刀切弹性方案。但是，以下清单中必定有一些建议值得借鉴，可以对其进行调整，从而适用于组织。请认真阅读，选择其中一些举措来尝试，然后着手落实。

展开弹性对话

如果整个组织只有你一人（或者一小拨儿员工）在集中关注弹性问题，以下建议有利于促进启动这方面工作：

1. **聆听他人的故事**：有时候人们就是做不到聆听他人的说辞，或者不愿意聆听。因此，与其一遍遍重复一些话，不如请其他人来传递信息。邀请口才好的人来给组织讲话。有没有哪家同行组织或当地其他组织近期刚刚经历了危机呢？邀请那家组织的人来分享经验，谈谈怎么做才最有益，以及他们希望哪些方面能够到位，从而帮助组织渡过难关。要想让大家关注弹性概念，就需要抓住他们的心智，因此让故事私人化。请发言人反思他们在危机时期的个人经历——危机对他们产生的影响，他们曾经面临的挑战与选择，以及从事件中学到了什么。确保发言人与观众相匹配：如果受众是高管团队，就邀请高管层人士来跟他们交流；如果面对的是董事会成员，那么就邀请董事会成员来发言。一旦人们认识到组织缺乏弹性会对自身造成什么样的影响，往往会愿意学习更多。

2. **利用炙热平台**：如果人们认识到自己在实际工作中能够影响组织，那么“假如……怎么样”这样的情境设置就非常有效。如果将来有新闻报道危机，或者危机影响到了同行业组织，可以借此契机促使人们反思组织在类似情况下会受到怎样的影响。举个例子，假如当地一家企业刚刚遭遇了大火，可以以此为契机，思考组织在防火灾方面存在哪些重大漏洞。组织的后勤保障如何？灭火系统是否会得到定期维护？保险政策能够提供哪些保障呢？组织会如何资助灾后恢复工作呢？需要多长时间能够修复破坏，恢复运营呢？请找出需要优先解决的几大问题，集中解决。

3. **适当借助同行压力**：如果得知“其他所有人都在这么

做”，就很容易激发人们了解更多的兴趣。要想办法提升其他组织提升弹性所做工作的格调。与同行业其他人组建团队，整理出一套当地案例分析实例，便于将来运用在弹性探讨中。

4. **鼓励他人提出想法：**虽然你个人付出了很多努力来提升组织弹性，并希望得到认可，但是更重要的是能够切实提升组织弹性。即便你已经得到了提升组织弹性的最佳方法，也千万不要强迫他人草率认同这些方法。一定要放慢进度，让其他人参与进来。人们如果参与了某项提议的提出，往往会尽全力落实它。要找机会鼓励他人提出自身的想法与方案。

5. **不要称其为弹性：**假如组织对一时的风尚怀有警惕心理，而且人们认为弹性只不过是一时的风尚，那么就需要考虑该如何设计弹性了。想想本书中探讨的各种品性与组织现有目标之间有怎样的关联。组织是否以自身创造力为荣呢？那太好了，可以把危机规划当作提升创造力的途径。再或者，或许组织以实现底线为目标：根据员工能力来推崇员工敬业度，从而提高生产力。不要把弹性当作另一个企业目标或者关键业绩指标，而是要认真考虑怎样才能让弹性与组织现有重点任务相匹配。

6. **借助弹性检查促进讨论与反思：**澳大利亚弹性专家顾问团队设计了一种免费的小工具，非常有用，可以激励团队共同反思并探讨组织的弹性优势与劣势。HealthCheck 采用了本书中描述的 13 个弹性指标，希望能够让人们对弹性的重要性产生顿悟。这种工具最适用于车间模式，其价值在于分值所引发的讨论，而不是分值本身。详情请见 HealthCheck：http://www.organisationalresilience.gov.au/HealthCheck/Pages/

default.aspx。

弹性标杆管理——组织内部以及之间的比较

将某个组织与其同行进行对比最能够激发兴趣与动机。以下举措展示了合作弹性项目——包括同一组织内部的不同部门，以及不同组织之间——如何能够给弹性项目增添目的感：

7. 利用弹性个性特征进行测试：在开展重大基本指标调查之前，首先从简单处着手。先针对自身进行弹性个性特征调查（第 1 章）。网上也有一种免费工具，有助于简要概括你对组织弹性优势与劣势的认识：http://resorgs.resilientbusiness.co.nz/。弹性个性特征运用了标杆弹性工具（见下文）中的一组精简问题，只需要几分钟时间就可以完成。弹性个性特征旨在激发人们进一步探究组织弹性个性特征的好奇心。请注意弹性个性特征只捕捉了组织弹性的一个侧面——个人对组织弹性的认识。要想得到全面认识，可采用下文提到的标杆弹性工具。

8. 衡量组织弹性标准：标杆弹性工具 BRT 是一种在线调查工具，可以用来评估组织弹性，并将其作为基准与其他组织做比较。该工具有助于认清组织弹性优势与劣势，并追踪某段时期内的进展。弹性组织花了 10 年时间研究了为什么一些组织面对危机能够直面挑战，而另一些组织则做不到，最终得以开发出 BRT 这种工具并进行检验。它基于 13 个弹性指标，涉及组织领导力与文化、网络与关系，以及应变能力。该工具包含两项调查：一项调查应该由组织 CEO 或其他高级经理人完成，另一项应该由组织内部个人完成，越多越好（针对大型组织，可选取足够大的样本）。综合考虑这些观点，就形成了对组织弹性素质的整体认识。通过对研究结果进行整理、分析，来衡量组织在上述 13 个指标方面的表现，可以在组织不同部门或地理位置之间比较结果，来提炼值得分享的最佳做法。了解更多关于 BRT 的信息，详见 http://www.resorgs.org.nz/benchmark-resilience-tool.html。

9. 与其他组织共同衡量并提升弹性标准：要想联合其他组织共同提升弹性，方法甚多。不同的组织具有不同的内部优势，因此合作是更好地利用彼此优势的好办法。举个例子，我们团队曾经与澳大利亚的 5 家自来水公司合作，衡量并比较各自的弹性水平。这些自来水公司各自具备不同的弹性优势，注重抓住机遇分享好的想法与做法。在另外一个项目中，我们与同一区域的 18 家关键基础设施提供商进行了合作，分别评估每家组织的弹性（采用上面讨论过的 BRT），然后审视 18 家组织，寻找它们共同的优势与不足。接着，这些组织采取联合举措，改进共同的不足（具体来说，就是压力测试计划）。这些项目的共同特点在于，激励不同组织开展对话，思考各自的组织结构、运营情况与文化对弹性产生的影响。可以针对你所在地区的不同组织制订类似的方案。首先，通过对每个组织的弹性优势与不足进行审视，提出工作基准（可以采用上面提到的任何一种工具）。接着，选择几个领域作为重点关注对象，可以是共同的不足之处，或者其中一家组织的优势领域，它可以帮助其他组织改进该领域。另一种方法是对各个组织做弹性评价（可以通过采访员工来寻找有必要改进的方面），然后再比较得出的结果。还有一种方法是彼此评估应对危机的做法，从而对有待改进等方面做外部评估。不同组织之间分享想法非常有效，有助于推进弹性计划。假如和你搭档的组织属于不同行业，那么彼此就能学到更多，获得更多新思路。

10. 评估弹性能力：不要只评估容易评估的方面（比如组织是否制订了计划，多久检验一次）。不妨将评估重点放在如何有效提升组织的弹性能力上。有没有明确的行动方案来弥补弹性不足呢？这些方案实施情况如何呢？有没有切实的改进成果呢？

培养危机领导力

很少有人会经常尝试处理舒适带之外、高度不确定而且时间紧张的情形，这类情形很容易给人造成巨大的情绪压力。但是，要想善于在上述环境下工作、领导他人，都需要实践：

11. 自我评估并积极提升自身领导技能：领导力理应来自组织上下各个层面——这就意味着也会来自你！不要想当然地自以为是个好领导。一定要大胆，请中间人去了解其他人对你当领导的看法。当得知你自以为付诸实践的领导风格与他人对其的认识并不一致时，你或许会感到惊讶。请中间人了解员工的想法有助于对需要改进的领域进行更真实的评估。尽量不要产生自负心理，即便发现的不足比你预期多出很多，也不要闭锁心扉。要认识信息本身的价值——帮助你成为更出色的领导，并给所有人带来好处。只要明确需要改进的方面，就可以准备好采取行动，改进不足之处了。关于如何提升领导力资源众多——从书籍到百家讲坛、聘请领导力顾问，再到参加培训课程。也可以免费下载小册子《团队工作混沌：危机时期领导的作用》，网址：http://www.resorgs.org.nz/chaos-to-teamwork.html。

12. 应对战略困境： 许多组织都会在应对模拟危机实践方面（这只不过是练习与试验的另一种说法）投入大量精力。这些实践旨在检验组织面对危机的业务应对能力，然而，组织资深人士往往不参与这类实践，从而丧失了磨炼危机领导技能的大好机会。如果希望打造组织的危机领导能力，就需要制订危机实践计划，包括战略困境。举个例子，可以练习如何管理负面影响、质量问题、罢工行为或者咄咄逼人的竞争对手。要确保解决问题的方案没那么简单，这样团队就会针对其他应对方案的利弊展开讨论。邀请领导力顾问与关键人士一同参与实践，探索不同领导力应对方式可能产生的后果。

13. 俘获心灵与思想： 很难让组织领导真正做好危机防范吗？不管出于何种原因，高管人士似乎总忙于其他更紧迫的重要任务。我们在我曾经共过事的一家组织设计了一项危机练习，希望改变这样的状况。有一名无特定目标的随机犯罪射手（比如持枪人士）在一大片建筑群里游荡。活动刚开始没多久，高管们便得知上空有三架媒体直升机，罪犯安装了摄像机将现场情况发送到了网上，随着攻击消息传播开来，电话便开始源源不断。大楼内有成千上万的人，但是却缺乏通信手段，因此无法告诉他们该怎么做。经过几个小时的场景演习，最终请一些上班期间经历过被持枪射击事件的人做了感人演讲。演讲让人们切实明白了应对危机的重要性。从此，这次练习便成为转折点。高管团队再也不认为危机管理只不过是安全职责。从那天起，领导团队经常问起下一次演习什么时候开展。可以针对组织采用类似做法吗？

14. 培养低层和中层领导的领导技能：考虑到组织各个层面都需要良好领导力，因此不要只注重提升高层主管的领导力，而是要提升组织上上下下的危机领导力。要想采用经济有效的方式实现这一目的，可以制订领导经验传承计划。这样有助于提升指导人和被指导人双方的领导能力，促进他们有意识地思考领导风格。也可以和其他组织合作，交换导师，为组织注入新鲜观点，培养一批领导和领导风格。

15. 危机时刻授权员工去领导：确保企业连续性或危机预案包含决策代表。如果玛丽没在，苏也可以做决定。或者说，在X情况下，鲍勃有权做A、B和C。确保这些代表是灵活的（举个例子，按照职位来定，而不是人），因为永远都不知道危机时期谁在、谁不在。尽可能多地下放决策权。扪心自问组织层面需要做出哪些决定，部门或个人层面可以完成哪些决策。审视所有的日常授权，看看危机时期哪些可以变动。比如，紧急情况下能否提升开销上限，允许员工在未被允许的情况下购买应急物资呢？危机时期要授权员工制订决策，并发挥主导作用。

16. 组建危机领导团队：团队磨合并默契合作需要时间与实践。美国国家运输安全委员会事故数据显示，飞机机组人员第一天飞行时最容易发生空难。既然如此，危机时期并非组建危机管理团队的理想时机。危机时期谁是最佳合作对象呢？一定要确保人员的多元化，因为这样有助于提升创新与决策能力，避免视野狭窄——视野狭窄可能会导致只解决眼前的危机，而忽略甚至加剧更大潜在危机。要考虑互补技能与背景，包括性别、年龄、专业技能、背景以及思维方式。即便是个小规模组织，也要谨记“三个臭皮匠，赛过诸葛亮”。如果有可信赖的团队一起努力解决问题，就能够制定出更好、更自信的决策。

培养员工敬业度

员工是否寄希望于组织呢？要想让员工在危机时期发挥有效作用，尤其是他们同时还需要处理个人问题时，就必须让他们愿意来上班。员工是否愿意上班呢？如果不愿意，问问是什么原因。认真聆听他们的想法，并付诸实际。要可以创造弹性工作环境，不要听天由命：

17. 开展员工敬业度调查：敬业的员工在危机时期更容易出手帮忙。要提供给员工真诚反馈问题的机会，或许可以定期调查员工敬业度。一定要聆听他们的想法，并及时执行反馈。如果之前没有开展过员工敬业度调查，Survey Monkey和人力资源管理基金会可以联合提供有用资源，包括标准问题、分析结果的模板，以及基准数据，看看组织结果对比如何。详情请见 https://www/surveymonkey.com/mp/employee-engagement-survey/。

18. 为员工制定双重职位描述：要保证员工清楚自己在违纪情形下的分工。其中一种方式是在职位描述中添加“逆境时期的职责”这部分内容。这样做有助于让所有人明白自己在危机时期的角色。每次开展危机演习时，都应该要求所有人按规定承担“逆境来袭时的工作职责”。这样做不仅有助于人们记住自身角色，而且也有助于组织深入思考怎样才能充分利用现有人力资源。

19. 让员工喜欢上职场：组织社会活动，促进员工彼此之间建立友谊。不一定要花大量资金——可以在当地的运动会上组建“社会”工作团队，组织大家共进早餐，或者下班后一起喝点东西，再或者晚上一起打保龄球。由于不同的人兴趣不同，因此要确保活动丰富多彩，吸引他们参与其中。

20. 支持员工家人：让员工知道组织很清楚家人对他们有多重要。遇到危机时，帮助员工供养家庭意味着员工能免去后顾之忧，从而专注于当前的任务。给员工准备度假屋，举行员工与家人野餐活动，为他们提供保洁或洗衣服务。甚至更好的是，危机时期问问员工他们的家人有哪些需求。

21. 做健康游戏：假如员工在生活中找不到适当平衡，就不太可能取得工作成效。新西兰心理健康基金会开发了一种健康游戏，组织可以用来帮助员工集中关注实现健康的五种方式：积极进取、关注、沟通、给予、坚持学习。了解更多关于健康游戏的信息，以及如何将其运用于职场，详见 http://thewellbeinggame.org.nz/home/how。

22. 审视组织能否支持员工弹性：员工弹性工具有助于读者了解组织对员工弹性产生的影响。该工具关注的不是员工个人的弹性，而是会诊断组织文化对员工弹性的促进与支持作用。关于员工弹性工具的最新版本，详见 http://www.resorgs.org.nz/Resources/employee-resilience-tool.html。如果要运用该工具调查员工，一定要确保他们匿名回答问题，同时告知他们答案只会对组织产生影响，而不会影响到个人。分析结果时，重点关注组织整体模式，而不是个人回应。也可以以该工具为契机，考虑自己身为员工的表现如何，能否采取一些方式提升职场弹性。接下来，请站在经理的角度考虑这些问题：员工最用心的方面是哪些？你如何才能转变他们的关注焦点呢？

23. 鼓励员工参与日常业务决策与挑战：如果员工能够参与日常决策与挑战应对，就会对组织抱有更大期望。此外，组织相应地也能得到更好、更具创意的解决方案。身处危机时，组织很可能需要做出大量决策，很可能会应接不暇。因此，需要懂得利用人才、知识与技能。这样做对于日常经营也大有裨益——员工会感觉受到信任，也会更加有信心做好本职工作，同时对企业的归属感也会越强烈。从今天起，想想最近一直在努力解决的职场问题有哪些，然后集中两三名员工共同讨论问题。每周至少这样做一次。

建立有效伙伴关系

想想组织运营过程中的关键人物——包括日常经营与危机时期：顾客、客户、监管者、行业合作伙伴、竞争对手、供应商以及供应商的供应商。要努力和所有这些组织建立良好、相互尊重、相互信赖的伙伴关系；

24. 签订互助协议：人人都可能遭遇危机。和其他组织团结起来，在困难时期相互帮助，可以是无偿服务，也可以是付费安排。需要考虑的问题如下：每家组织可以提供哪些资源，请求或提供帮助的流程是什么？如何能够将这些资源整合入组织经营（比如，如果其他组织的员工来和你一起共事，该如何管理这些团队呢，需要考虑哪些责任问题，以及该如何分配、报销花费）？如果是响应机构，那么互助协议是履行组织义务的重要部分。第一步最好注重确立提供与接受互助的原则，而不是通过签订合同敲定所有事情。往往，互助协议很难签订，因为大家很难提前就具体问题达成一致。但是，如果双方都很愿意，相互关系也很牢固，那么危机时期只需要打几个电话就能实现很大成效。如果提前做一些基础工作，那么沟通会更加容易。在签订互助协议时，要充分认识其他组织面临的风险，同时尽可能确保自身面临的类似风险极少（比如，其他组织遭遇洪灾时，你所在组织不大可能也遇到类似情况），这一点很重要。也要考虑还有谁和你一样，依赖于同样的资源。因为如果发生重大危机，其他人很可能能够优先获得资源，导致你原本以为唾手可得的资源不复存在。

25. 让弹性成为采购团队的关注核心：让采购团队从弹性角度评估供应安排工作。可以考虑在评估过程中添加“弹性”，作为挑选供应商的另一标准。也可以考虑采购政策能否促进关系的持久与有效。弹性不仅要求建立交易关系，而且要求社会关系。假如总是为了最大限度地降低成本不断变换供应商，可能会影响弹性。将危机响应添加到日常合同中。如果立约人与供应商对于维持业务起到关键作用，可以考虑在普通合同中增加危机响应（举个例子，危机时期的服务交付预期怎样？要是关键要素供应不足该怎么办——能否将优先服务置于其他客户之上呢？）。从国际上来看，近年来，为了提升弹性，供应链管理取得了许多进展。跨国公司越来越需要所有供应商已经制订了业务连续性计划，在与供应商共同提升弹性方面也变得越来越主动。人们也越来越认识到有必要从系统角度评估供应链漏洞，从而确定供应网络破坏可能造成的“涟漪效应”。本书第 4 章泰国洪灾案例表明，破坏可能并非源自直接供应商，而是供应链上的几个步骤。

26. 与合作伙伴共同组织社会活动：危机时期，最值得信赖的人自然是和你相处良好的那些人。要努力经营与共事的人之间的友谊，这样即便你凌晨 3 点求助，他们都会伸出援手。从小事做起，习惯询问他人周末过得如何，或者家人还好吗。从比较大的尺度上来说，每年应举办社会活动、野餐或保龄球比赛，邀请主要供应商和客户参加。

27. 帮助他人：社会资本是相互的。要想得到，首先得给予。如果有人寻求帮助，一定要表示支持，答应帮忙。帮助其他组织度过危机时期对于双方都有益处，有助于强化组织之间的关系，并为团队提供可贵的处理危机的经验与知识。

时刻审时度势

组织多久与企业界、行业以及当地社区其他组织沟通一次呢？认识、交流的人越多，就越能得到与业务相关的更多信息：

28. 花时间了解他人：构建组织态势感知需要利用人际关系网络。员工的人际关系网加起来会远远超出高管人士的关系网，但是除非非常了解员工，否则就不可能了解这些关系网。一定要挤出时间与员工沟通。如果会议日程排得非常满，往往就没机会建立适当联系。可以利用喝咖啡的时间了解员工近况。下次开会时，不要像往常一样让大家互相介绍，而是可以让他们着重介绍关系密切的三个社会团体（比如，可以是足球队教练、学步儿的父母，或者是当地的乐队、当地无家可归中心的志愿者）。在这个过程中，或许能了解到一些之前从来不了解的信息。

29. 主动关注周围环境：在组织内部创建论坛，积极寻找潜在威胁或机遇。这个过程不一定很复杂或者花费太高。可以组建调研团队，每个月会面几个小时。分配给他们了解可能影响到组织的内外变化的任务。要想深入认识可能影响组织所在行业的一些问题（这些问题或许没有被组织任何人注意到），可以利用现有行业协会或专业论坛共同识别新出现的趋势。如果组织所处行业竞争激烈（任何组织都不愿意与竞争对手分享信息），可以与不同行业从事同一职业的其他人组成调研团队。鼓励员工关注潜在风险，并与经理分享。一定要保证巧妙地交流这类想法。可以和员工讨论可能影响组织的事情，以及控制它们的方法。我们团队中的夏洛特·布朗还记得自己刚毕业时，经理分配给她一项任务，要求每天早上看报纸，看看有没有与组织相关的内容。这种做法简单有效，有助于员工关注组织在全世界占有的分量。有人向你提出一些问题时，一定要意识到。

30. 要求他人长远考虑问题：要让人们考虑未来趋势与破坏性技术，每个月请团队不同成员选定话题（比如老龄化劳动力、物联网的出现、2015 年巴黎气候变化协议、无人驾驶汽车等引发的启示），并就某个转变带给组织的潜在启示做报告，时间为 10 分钟。这样做不是希望人们预见将来可能或者不会发生什么，而是为了培养团队成员的好奇心，以及探究未来发展态势的积极性。

31. 不断审视业务模式：人们为什么停止购买你的产品了呢？竞争对手在做些什么呢？市场接下来会发生怎样的大转变呢？即便业务模式几年前能够满足需求，并不意味着如今仍能满足。要定期重新审视业务，确保为未来做好准备，这一点很重要。可以开展客户调查，了解一下客户目前的行为与想法。

成为学习型组织

员工多长时间提出一次改进建议呢？组织多久落实一次这些建议呢？要想办法保持思想交流。艰难时期更需要这种创造力：

32. 共同提出解决方案：如果出现问题，一定要让问题涉及的人参与制订解决方案。首先要花时间真正搞清楚问题出现的原因。发动整个组织的力量组建“挑战团队”，共同寻找具体问题的解决方案有助于打破“他们与我们”心理，因为这种心理容易导致组织某一群体被认为是所有问题的起因。要在重大危机出现之前就组建挑战团队——先让他们共同解决小问题，以便相互磨合。

33. 帮助大家摆脱固有思维：身为人类，我们很容易因为一些条条框框扼杀创造性想法。不过，最棒的想法往往来自外部。要鼓励创造性思维——只要提出想法，就都是好想法。每个月举办一次“写在封底”创新挑战。请员工解决某个真实问题，或者假设问题，并在员工通告栏里表达看法。对好建议应该给予认可、嘉奖。尽可能简化活动，保持趣味性，很快就能吸引大家的参与。每当需要给新手册命名时，我们就会与研究团队展开内部辩论。提出最佳建议的人会赢得晚餐餐券。我们用一顿饭就换来了大量好的建议（比如“暂停营业并非不可能”,“要么满员，要么心塞”），而且所有人都很开心，团队的人也对我们近期发行的书籍有了了解。

34. 搜集更多好主意：同事尼拉康德教给我一个妙招，在任何情况下都很奏效。它是一种头脑风暴模式，不过具有一定的结构。把一群人聚集起来，说明需要解决的问题（比如，如何打破两个部门之间的孤岛心理，或者如何克服对不可靠供应商的依赖）。告诉他们不需要考虑任何限制因素——钱不是问题。请他们独自写下解决该问题的办法，越多越好，时间为 5~7 分钟。然后要求大家轮流读出答案（如果时间短，组员多，可以请每人念 3~5 个最佳建议）。引导人员需要在简报纸（或者采用任何其他技术——只要组员能够看清）上写下建议，编上序号 1，2，3……如果后面有人提出的建议前面已经提过，而且写在了纸上，他们也需要读出来，只不过不会再列在清单上。等到把所有的建议都列出来后，请大家再进行一次头脑风暴，不过这次他们不能重复已经列出来的任何建议。同样，时间为 5~7 分钟，要读出每个人独立思考的可能的解决方案，然后再重复之前的做法，将大家的新想法添加到之前列的清单上。如果时间允许，可以再重复一遍同样的做法。你会发现，每次重复活动得到的想法数目会越来越少，但是人们的创造力与想法质量却会得到明显提升。他们会被迫避开“常见的”解决方案，想出一些解决问题的新方法。针对同一个问题，往往会得到 50~100 个好建议。

35. **汲取新观点**：危机压力之下，澳大利亚供水部门想出了一个简单而又高效注入新思维的办法——激活全国电话网。各大供水公司的危机经理遍布全国各地，因此处于危机的组织可以就目前正在处理的问题向他们求助。打来电话的人很有创意——他们所在组织并没有陷入危机，因此他们的睡眠充足，也没有任何压力，能够清楚地考虑问题，能提供大量多元化经验与技术支持。由于这些人来自组织外部，因此能够提出一些组织内部人士不能提出的问题——他们能够提出应对危机的一些全新角度与思路。全国电话网在危机演习以及大量国内与国际危机爆发期间得到了成功运用，包括澳大利亚布里斯班水灾、维多利亚丛林大火以及基督城地震。能否就你所在组织做类似尝试呢？

36. **不要有压力**：有时候，人们会因为无法解决某个问题而忧心忡忡，从而很难找到解决问题的办法。因此，要随意一些，帮助团队走出消沉。改变工作场地，请他们在场外做头脑风暴。把不同的人聚在一起——多元角度更容易产生好点子。组建团队时，成员最好来自不同年龄段、性别以及不同部门——给他们提出挑战，请他们共同解决，要求他们尽量提出最具创新（有效）的解决方案。

37. 培养团队中善于解决问题的人：培养团队提出解决方案的能力，避免一遇到问题就请示主管。独立解决问题的能力在处理危机的过程中非常关键，也有助于加强日常的业务运作。要鼓励员工喝早茶期间与同事讨论问题。研究新技术，作为解决问题的新方案。举个例子，斯坦福设计学院针对如何利用设计思维原则解决问题提出了一些好主意，还提供免费的集训设计课程，不妨请团队成员尝试一下，网址：http://dschool.stanford.edu/use-our-methods/。

38. 你所在组织属于学习型组织吗？调研一下组织是否具备成为学习型组织所需的条件，包括支持环境、具体的学习过程与实践，以及强化学习的领导力。可以采用网上免费的诊断组织学习工具：http://los.hbs.edu.。

39. 有意吸取经验：翻翻美军书籍，认真总结并吸取经验。在组织内部实施行动后反思，快速上网搜索能够获取大量相关资源。我尤为喜欢的是一篇文章，题目为《做中学：迅速将学习植入绩效，从而产生重大影响》。文章作者能言善辩，称行动后反思过程有助于团队在工作中反思并学习。不能等到病人都没命了才搞清楚出了什么问题。“做中学”的目的是做到边做边学——搞清楚中期目标没能达成的原因，可以从中吸取哪些经验，并将这些经验运用于日后工作中。如果能够立即照做，并重点关注几个重要问题，而不是做全面汇报，效果最佳。这个过程需要悉心组织，让所有人参与进去，最重要的是，要能够迅速回到行动上。记住，除非能引起改变，否则算不上吸取经验。

以防不测

墨菲定律：凡事只要有可能出错，就一定会出错。所以，当发生意外时，不要感到惊讶，而是要积极应对它：

40. 有效应对危机：召集所有员工，进行彻底的风险识别练习。问团队成员：什么会影响我们？可以从大处着眼，也可以往小里想，想想内部、外部、人员、过程、办公场所以及技术等。要承认有些风险可能完全未能预见，但是却可能临近。邀请重要供应商和客户参与这一练习，找到他们面临的风险。同时，要关注内部运营——因为风险很可能源自组织内部。确保具备识别、激化新问题的过程。或许只是员工之间，或者员工与拖沓供应商之间的小分歧。要记住，现实中存在各种不同风险。一些风险可能突如其来（比如地震），其他一些则是逐渐发生的（比如旱灾或者客户行为变化）。善于处理风险对于任何组织而言都非常重要，这样有助于减少组织面临的风险数目。将风险管理与业务连续性规划结合起来，这样即使遭遇风险时仍然有办法维持业务。有很多优质资源谈到该如何在组织内部进行良好的风险管理与业务连续性实践。好的起点可以是国际风险管理标准（ISO 31000）和业务连续性管理（ISO 22301）。如果刚刚起步，千万不要缩头缩脑。可以从简单的事情着手，然后慢慢提高。

和团队一起做头脑风暴，想想可能存在的风险以及影响；然后要求团队成员识别最具破坏力的三大影响，并集中精力制定策略进行应对。如果认为组织已经具备良好的风险与业务连续性管理实践，检验一下系统运作情况。想想组织近期经历的五个“惊喜”：它们是否出现在风险清单上呢？是否得到了恰当处理？如果没有，是什么原因造成的呢？其他连续性安排工作是否按照预期有所进展呢？很少有哪些管理系统能够捕获所有信息——可以再次确认，看看薄弱领域是否是改善事态的好起点。

41. 吸取教训：了解组织弹性的最佳机会便是反思组织过去应对逆境的情况。哪些做法奏效，哪些不奏效呢？需要掌握哪些知识，并将其传递给可能面对类似危机的下一代呢？既然组织不可能每天都遭遇危机，侥幸脱险提供了良好的学习机会。可以想办法鼓励大家汇报近期侥幸脱险的情况，这样这些事件就不至于被掩藏，而是成为学习机会。问问员工可能会导致他们放弃汇报事情的原因。你会发现，汇报问题需要做的大量文书工作足以让组织所有人放弃汇报的想法。要营造免责文化，奖励汇报问题的那些人。每个月都从收到的事件汇报中选一个人，并给予小小奖励（比如请吃饭）。收到汇报后，要及时分析，发现事情的发展趋势，以及需要做出的改变。一定要与员工分享这类信息，这样他们就会发现自己上报的信息得到了充分利用。

42. 与团队共同制订计划：稍做计划往往就会大有帮助。即便组织起点水平低，几年内也能在很大程度上提升应对危机事件的能力。但是，这需要团队的努力工作与良好合作，而且他们需要认定这份事业，同时得到高管的支持。规划过程非常重要，有助于训练员工，让大家认识到潜在风险，并培养创新解决问题的技能，这些在危机来临时都非常宝贵，甚至可以帮助你避免危机。每个月利用午饭时间组织大家进行头脑风暴，提出危机情境，要求团队成员思考可能的解决办法。接受他们的提议，制订并更新应急预案或企业连续性计划。这个过程或许要比计划本身更宝贵。

43. 在掌握部分信息的情况下做决定：由于我们希望帮助员工树立处理危机的信心，所以会创设可以解决的危机情境。一定要大胆模拟现实——给员工以及决策制定者提供机会，让他们在没有掌握全部信息的情况下制定决策。举个例子，很多客户称吃过你提供的产品后都发生了食物中毒，但是并没有检测结果来证实这一点。那你该怎么办呢？员工应该练习提升技能，树立信心。要教他们学会暂停，想想之前处理过的类似情况。如果之前从未处理过，就需要树立信心，相信自己在没掌握全部信息的情况下也能做决定——同时也要预料到随后可能需要做事后处理。不过，最重要的是，他们应该学会制定决策，继续前进。随着假设的危机情境变得越来越复杂，员工可能会发现自己陷入了战略决策，看不到明显“正确的”行动方案——因为每个方案都存在不足之处。要想帮助他们做出战略选择，可以让他们印一份组织核心价值列表，将其张贴在办公桌上方的墙上。这样有助于提供有价值的参考点，确保他们集中精力做正确的事情。等他们能够非常熟练地处理这类挑战后，可以稍微加大筹码。组建对手团队，在下一危机情境中创造对战机会——其中一个团队在努力解决问题，而另一个队则绞尽脑汁考虑对方提出的解决方案不可行的所有原因。在危机演习中加入战略决策，但是要把主管排除在外：假设组织在面临灾难性工业废弃物泄漏事件时，主管正被困在遥远的山地旅社里（开战略规划会议），有人打算退出吗？如果没有，就需要确定决策代表团，培训更多员工掌握危机决策能力。

44. 激活危机响应：处理新出现危机的最佳工具是把合适的人召集在一起。如何迅速将合作的人召集在一起被称为激活过程。激活非常重要——需要充分考虑，并符合人们的习性。想想通常是如何告知他人新情况的。即便大家很难忽略周围发生的紧急情况，也不要假定人人都能意识到事发。要制定激活清单，这样危机响应的前几个步骤就能够按部就班展开，不需要任何“思考”。将之前找好的紧急行动中心设为大家都知道的集合地点，这样就可以避免产生混乱、不知道该去哪里加入行动。定期在紧急行动中心开展培训与会议，这样就能提前知道这个地方空间如何，人们也会熟悉这里的环境。

45. 将快速入门指南打印出来：本书每章结尾处都有快速入门指南，可以在严重危机时期促进弹性反应。危机时期，人们最不愿意翻书去找这类有效信息，所以我在这里提供了纲要，可以免费下载，网址：http://resorgs.org.nz/resilience-quickstart-guides。我建议把纲要打印出来，和应急预案放在一起，最好做成海报贴在紧急行动中心的墙上。

46. 定期检验应急预案：不管组织是否有现成的企业连续性计划、应急预案或危机预案（或者上述所有），都需要经常检验它们。每年都开展一次大规模检测。年中可以做 4～5 次小型检测。要保证所有人都参与训练。虽然任何危机都具有独特性，但是在危机来袭之前也需要思考、探讨相关问题，从而确保团队更好地应对可能遇到的不确定、复杂以及新情况。可以在消防演习时捎带进行压力测试，这样不但之前只需要 10 分钟的消防演习就变成了 15～20 分钟，还可以检验辅助系统。员工在户外集合时，给他们设置场景做规划，如“他们本周接下来时间在家办公”，“重要供应商已经停止运作”，“竞争对手推出了主打产品”，等等。如果组织规模较小，危机演习不必花费太多时间或资金。一起喝个早茶或者周五一起喝点东西，向团队介绍一些场景，可以是简单场景（如果是面包店，假设一天早上员工发现烤箱失灵了，那该怎么办?），也可以是复杂场景（假如大楼里失火了，一切内部设施都损毁了，该怎么办?）。一定要同时考虑到人员、办公场所、进程与技术。详细讨论面临的问题以及备选方案有助于迅速确定重点。员工会产生想法，接触其他关系网或资源，同时需要在危机期间做好准备调用上述资源。记住，你和其他高管人员不一定在场。一定不要把精力放在破坏源上（比如自然灾害或停电事故），而是要认真规划该如何管理风险后果。例如：办公楼进不去了，一半员工联系不上，或者电子邮件系统不工作了。以事件为基础的情境有助于获取更广泛想法，员工也能够认识到他们检验的计划可能与大量不同情形有关。记住，设置危机情境的重点并不是得出对错答案，而是探究企业的主要不足之处，以及面临的选择。团队危机计划有助于员工积极参与组织，提升他们的归属感与忠诚度——不过，开展这方面的工作可能会花不少时间。要认识到应急准备属于职业发展，并适当地培训员工实现组织预期。要让整个过程变得有意思，并不断重复。

47. **做好应对与危机恢复：**人们往往会重点关注危机发生前几个小时内应该做什么，却忽略了该如何从心理与实际两方面做好随之而来的恢复工作。恢复过程漫长而又艰难。为了激发读者去思考恢复过程需要做些什么，可免费下载小册子《为企业提供急救：危机时期》，网址：http://www.resorgs.org.nz/first-aid-business.html。

48. **与其他组织一起练习：**与主要业务合作伙伴——供应商、地方当局、客户，甚至可以是竞争对手——一起探讨可能会影响到一方或双方的危机情境，看看能否通过努力满足双方需求。相比独自思考问题而言，这样做无疑能得到更广泛的见解。记住，头脑发热时，重要的不是印刷精美的合同文本，而是良好的人际关系。

49. **使计划社会化：**许多业务连续性与应急管理预案之所以不起作用，是因为它们是由单独的团队或者负责这项工作的顾问制定的。之后几年便一直放在桌子上无人问津，直至落满灰尘，充其量每年拿出来一次进行“检验”。这种做法的问题在于，危机时期，很少有组织会查看已有方案，而是会做出本能反应。方案之所以没有落实，因为人们已经“忘记”了它的存在，或者说没有将其与事件关联起来，抑或是认为方案已经过时了，因此已经制定了新的体系或进程。调研一下，看看组织有谁对已经制定的方案比较熟悉。如果发现漏洞，要想办法更好地将方案融入组织日常运营中。针对尚未归档的方案，能否发给所有人保存在电脑桌面上呢？也许它位于组织内部站点中心位置。那就让方案始终可见、可访问，确保所有人定期查看。也可以把学习方案作为新员工培训的一项内容，这样所有人就都知道危机防范是每个人核心职责的一个方面。

50. 明确员工的不足之处：如果希望员工在危机时期支持组织，那么就需要在员工处于危机时帮助他们。要让他们认识到紧急情况下可能面临的各种挑战（儿童看护、交通、社区责任等），并将这些挑战涵盖到危机预案中。尽你所能为最重要的员工全身心投入工作提供便利——如有需要可以提供儿童看护或家庭支持。有时候，小事情也能产生大不同，比如食物。提供饮食服务不仅能让员工感到受重视，而且也能提供互动中心。制定预案时也要认识到，人们不能无限制地长时间工作。如果连续 5 个晚上睡眠不足，人的认知能力就会等同于 48 小时不睡觉的水平。要保证给大家留出休息的时间，这样他们才能在工作上尽其所能。如果现实要求员工不去上班，也不要遗忘他们。长时间不去上班很容易产生脱离感，因此一定要让经理或团队主管与这些人保持沟通，这样他们就会感觉到自己与组织的联系。要确保团队领导能够认识到这是一项重要任务。同时要记住，当大多数人的生活都回归正常后，生活尚未恢复正常的那些人过得会更艰难。要多关注他人的处境。恢复过程漫长而又艰难，而且还可能延长受到的严重影响。了解更多关于如何在危机扩大期间照顾好员工，可免费下载小册子《要么满员，要么心塞》，网址：http://www.resorgs.org.nz/staffed-or-stuffed.html。

51. 确保拨出一部分资金，以备不时之需：对于任何组织而言，现金流问题都非常致命。所以，一定要认真考虑组织需要多少资金才能处理危机带来的直接后果。记住，保险或拨款到位之前可能会拖延很长时间。

52. 充分利用保险：保险是许多组织经历危机后重要的资金来源。但是，只有保单符合组织需求才管用。关于如何选择合适的保单，做好准备并进行理赔，请下载免费小册子《保障资产》，网址：http://www.resorgs.org.nz/cover-your-assets.html。保险理赔可能会非常复杂、耗时——正是企业最需要你的时候。许多保单会为专业理赔填表人支付费用，支持组织。涉及理赔，组织希望争取到最佳团队的支持，因此建议提前从理赔填表人那里寻求一些建议，以供后续使用。

53. 确保能联系到他人：遇到危机时，必须能够联系上员工——看看他们情况如何，同时协调并维持企业的运营。记住，在搜集联系信息时需要考虑到诸多情形。要是手机网络崩溃了，或者人们的手机落在已撤离的大楼里怎么办呢?还需要考虑紧急联系人——如果员工受了工伤该联系谁，包括其他手机号码以及联系方式（比如电子邮件、家庭住址以及手机号码）。确保联系畅通是从重大危机中复苏的第一步。如果组织规模很大，需要考虑员工通过哪些方式才能让大家知道他们很好，这样就可以集中精力去联系还没有音信的其他人（比如，可以借助反向电话树或其他手段）。等更新完员工通讯录后，还需要考虑紧急情况下可以联系的其他人。想想组织有哪些主要供应商和客户。与供应商和客户联系也有助于在艰难时期维持好人际关系。此外，还要考虑紧急情况下还需要联系的他人，比如银行家、保险公司、律师或者会计。

54. 提前准备好关键通信信息：危机期间最关键的就是通信。在规划过程中要考虑需要迅速获取的一些关键信息。提前起草好这些信息，这样在危机来临时只需要快速浏览后就可以发出信息了。通信信息得保持一致，而且还需要迎合不同的受众。要制订危机通信计划——列出所有的重要利益相关者，确定分别由谁与他们沟通，确保没有人被遗漏。

适应运营方式

55. 利用危机响应能力处理日常业务挑战：有时候，危机不会在短时间内造成巨大影响，而是会缓慢发力，或者造成慢性压力。市场份额逐渐下降，抑或是客户满意度降低可能会和 IT 系统崩溃或火灾造成同样严重的危机后果。不过，这类危机很难处理，因为它们比较难识别，也很难动员组织做出回应。与一壶开水产生的雾气不同，组织可能需要很长时间才能做出回应，这样一来，等到搞清楚问题时已经没多少选择了。这就是为什么组织需要开发能够识别危险信号的感应器。组织往往会采取正常反应来应对慢性危机。这就导致它们丧失危机响应机制能够带来的优势——可以集中跨组织应对团队的力量，制造处理问题的紧迫感，鼓励大家摆脱固有的工作方式，开创性地寻找可替代的解决方案。下次遇到慢性危机时，可以试试危机响应管理机制。

56. 开展良好的决策实践：组织在正常运作时期要培养

运用决策技术的习惯，这样在危机时期就可以发挥作用了。信息匮乏、风险较高时，大家都倾向于拖延时间——要向每天都处于这类环境的成功组织学习。高速变幻的环境最主要的特征就是高度的不确定性与快速变化。在上述环境中表现良好的组织往往拥有功能强大的领导团队，而且团队具备特定的决策风格。举个例子，很多人可能会并排考虑多种可选的行动方案。同时考虑选项 A、B 和 C 有助于避免“锁定”某个特殊策略，不至于在其缺陷明显暴露之后很长时间还继续采用它。比较各种可选方案也利于权衡不同选择。成功组织在考虑各种选择时也会明智地利用压缩时间。比如，有一种方法叫“有条件的共识”。具体做法是提出一些问题与选择供领导团队考虑，然后再逐个征求大家对优先考虑的行动方案有什么意见。等到共享所有不同观点后，团队会考虑大家是否就正确的行动方案达成一致。如果达成一致，就可以做出选择了。即便达不成一致，讨论和辩论也不会持续太长时间，领导会做出决策，只不过是在听取不同角度的利弊之后才做出的选择。通过制定透明的决策过程，让参会的所有人都知道自己的看法得到了聆听（同时知道各自的看法并非唯一关联角度），决策过程就会得到更多人的认同，从而提高成功落实的可能性。处于这类环境的组织采用的另一种方法是分阶段制定决策。面对迅速变化和高度不确定性，人们往往希望能够不断调整应对方式。最初的决策具有明确的时间表，包括什么时候该制定下一步决策。明确决策通道，以及“继续”/“终止”决策点，意味着利益相关者对何时决策心中有数，同时能够随着情况的不断变化灵活调整决策。

57. 谨慎应对变化： 组织运营过程中的任何变化都可能招致风险。组织变化是否经常会引发超出能力范围的问题呢？如果答案是肯定的，就需要改进变化管理原则了。不管任何时候，只要提议做出重大变革，就可以进行风险评估，想想变化可能会引发哪些问题，员工又会受到哪些影响，以及变化是否会带来其他风险。不要认为自己已经很清楚变化可能产生的影响。要养成习惯了解他人的看法，开展 5 分钟的网络调查，请员工就变化提议以及可能引发的正面与负面影响发表看法。等到组织能够熟练应对变化，就会又快又好地落实变化——同时提升组织的灵活性。

58. 制订良好的接班人计划： 要多展望未来。5 ~ 10 年后，谁将成为组织领导呢？谁会负责运行关键流程呢？要保证组织所有关键职位都有第二负责人，或者学徒。培训这些员工，这样即便负责人高升了；他们也能熟悉岗位。此外，遇到危机时，如果关键人物联系不上，他们也能接手工作。

59. 关注知识转化差距： 组织，尤其是大型组织，相互依赖性很强，因此比较复杂，很难获取不同部门相关联的知识与关系。制订组织流程时，要涵盖“相互依赖性”这一部分，便于搞清楚组织各个进程之间的关系。要制订导师计划，确保知识在组织内部（以及之间）共享。让资深员工与资历浅的员工结对子，这样前者可以教给后者组织的运营状况。指导计划有诸多好处，因为它往往能够捕捉到通常不方便归档的事情，比如人事管理技能、社交机会与组织文化。离休员工也是非常宝贵的一笔资源。可以考虑分阶段退休，便于员工主动将工作交接给下一个人。危机时期，退休员工很可能希望回到组织搭把手。因此，要及时更新近期退休员工的联系方式。尝试做一些包括关键人物失踪的危机演练，从而找出仍然存在知识转化差距的领域。

60. **鼓励跨部门工作**：提供机会，促进不同部门之间共享信息与协作。可以将其作为危机预案日的一部分，或者是某个具体挑战性项目或未来挑战的研讨会。规划日当天，让大家思考一个问题：他们的依赖对象，以及依赖于他们的人。要求分组解决危机情境。跨部门团队往往能够想出更多元化的创新方案。也要记住打破“孤岛现象”，确保所有人都很清楚部门或团队之外发生的事情。想想怎样才能更好地分享这一信息，可以通过电子邮箱发送简报或视频报告，或借助微博、Faccbook 或内部网站。确保发布的内容吸引人、相关度高，这样才会有人看。要让大家去多部门接受培训，鼓励他们打破界限。每个月要求他们在别的部门工作一天，锻炼能力。这样做有助于培养不同部门员工的关系，提升技能，并在遇到危机找人却联系不上时起作用；员工也能借鉴其他部门的一些做法，来提升自己的业务水平。一定要通过开展培训让每名员工学会承担多种岗位工作，并在危机时期愿意灵活变换角色。假如员工不习惯主动去填补其他工作岗位，那么危机时期更难做到这一点。要将灵活性作为组织文化的一部分。

61. **尝试改变**：员工如果习惯于改变并能够接受，就会在遇到问题时有出色表现。组织当然希望员工能够欣然接受变化，但是如果事情保持原状，员工就会倍感失望！变化有助于活跃工作环境，保持新鲜感与创新思维。所以，从现在就开始练习吧。在接下来的 12 个星期，每个星期都要求员工改变一件事情，从而把工作做得更好。要求他们记录变化，并与之一起探讨。要记住以身作则——这周先做出改变，并让所有人都知道这个过程。可以是很简单的变化，比如回收纸张、和职场新人一起吃午饭、换种方式处理电子邮件，或者尝试新技术或新软件等。

62. 养成灵活的工作实践：审视现有运营实践，看看它们是否很容易受到干扰。谁也不希望原本一切都高效、良好运作的企业，因为稍微的偏差而像纸牌搭起来的房子一样一碰就倒。如果在遭遇破坏时企业能够灵活调整并适应新情况，那么即时的解决方案也行得通。试着把业务流程制定成甘特图那样，看看哪些活动属于关键步骤。估计一下在破坏影响波及企业其他领域之前需要多长时间才能让关键部门恢复正常运转。想办法提高业务运作的稳健性、冗余和灵活性。不要一味地认为弹性一定得付出昂贵代价——在很多情况下，实现弹性所需的额外投资微不足道，在这个过程中甚至还可能发现能够节省资金的做事方法。

弹性氛围

当弹性思维与实践渗透到组织的方方面面时，就说明组织运作良好。

63. 将弹性作为组织目标：尽管组织有很多人明白弹性非常重要，有没有将其设为组织的明确目标呢？要确保组织所有人都认识到弹性的重要性，并能做好准备以防不测。有意在组织内部推进弹性议程，安排团队制定弹性战略，并支持落实。如果"弹性"这一说法不太贴合组织，可以换个说法。记住，弹性与组织核心目标匹配度越高，成功机会也就越大。

64. **在日常工作中植入核心价值：**确保组织员工所做的一切，包括日常工作和沟通，都能够反映组织的核心价值观。如果行为与价值观不一致，就需要重新评估价值或行为！请每名员工谈谈组织业务，或者遇到危机时首先需要考虑哪些问题。看看得到的答案是否一样。或许有必要再次提醒员工这两方面的内容。

65. **打造乐观文化：**要想在危机时期实现高效，需要保持乐观，寻找新机会，同时要坚信组织能够渡过难关。如果侥幸脱险，事后回想时，要鼓励所有人说出一个积极的方面，或者找到事情的"一线希望"，看看这在未来能给组织带来哪些益处。

66. **保持战略重点：**不要太过自满或心安理得。每年都要审视组织的运作情况以及内外部环境。问问自己：组织能否满足客户预期呢？竞争对手又在做些什么？有没有哪些即将出台的监管条例可能会影响到组织？有没有新技术可以采用，从而调整做事方法呢？要提前想好，从长远来看组织的发展方向对于组织发展而言非常重要，也有助于在机会来临时识别可以马上改变的方面。危机确实能给组织带来这样的改变机遇。

最后需要注意的一点是，危机并不关注当下的情形。有些事情前一刻或许很重要，但是现在已经不重要了。我们不可能也不能为一切做好准备。要培养良好的管理风格，这样即便一切在瞬间发生变化也能应付。改变过后，意料之外的事也就成了现实。不要想着打败它，而是要想办法解决问题。

作者简介

艾瑞卡是弹性组织联合领导人，弹性组织有限责任公司总监。弹性组织是一项公益研究项目，团队由35名研究人员组成，旨在共同提高组织弹性，从而使其在变化多端的世界上生存、发展。弹性组织有限责任公司拥有一支富有朝气的小团队，负责研究咨询工作，直接接触组织，帮助它们找到提高弹性的最佳方法。

艾瑞卡身为组织弹性领域的资深研究员，撰写了100多篇研究文章，而且经常就弹性问题发表国际演说。身为领导团队成员，她帮助QuakeCoRE成为弹性佼佼者。QuakeCoRE是新西兰高级研究中心，主要致力于提高地震弹性（复原力）。她还是弹性专家咨询小组REAG成员，为澳大利亚联邦政府就组织弹性问题提供建议与支持。艾瑞卡是坎特伯雷大学土木与自然资源工程系特邀高级研究员，拥有风险管理博士学位。

工作之余，艾瑞卡大部分时间都和丈夫理查德在新西兰坎特伯雷乡下照顾两个正在成长的儿子。

赞　誉

这本书非常棒，其中探讨了一大关键全球问题。书的内容易于理解，涵盖了所有重要内容。祝贺艾瑞卡·塞维利亚为弹性组织这一重大概念做出了如此大的贡献。

——皮特·鲍尔，灾难管理世界大会主席，英国 VISOR 咨询有限责任公司总经理

这本书读起来印象深刻，因为它告诉读者，多年的高质量学术研究如何才能转化为有用、可行的知识，从而对组织和社会产生影响，并使其受益。

——伊芙·科尔斯，英国内阁办公室经济和计划委员会访问研究员，《应急管理评论》编辑，未来城市与社区弹性网络创办人

艾瑞卡·塞维利亚的《弹性组织》一书可读性强，向读者介绍了弹性组织在过去 10 年间所做工作的精髓。本书远不是枯燥的研究总结，而是一本指南，告诉组织如何才能保持弹性。其中还列举了大量实例，帮助读者理解。

——约翰·普劳蒂奈克，社区与地区弹性研究所

本书不仅对重要问题作了概括，而且能够切实引导读者采取行动避免一切可能发生的问题，同时采取企业/社会有效方式复原。

——小詹姆斯·B. 波特，杜邦公司前工程及运营总工程师与副总裁（已退休）

2009年，在坎特伯雷大学应急准备项目担任联合领导人时，我曾因为需要加快项目进度而求助于艾瑞卡。从那时起，她便成为我们的热心支持者与至亲密友。2010年和2011年的两场地震毁掉坎特伯雷整座城市后，她又成为我们运营核心团队的核心成员。她不仅对本书涵盖的所有主题展开了广泛研究，而且还进行了实践。在此，我会一边分享艾瑞卡提出的见解，一边进行应用。我会把这本书放在书架上最显眼的位置。

——克里斯·霍克，应急管理奥塔戈区域经理与团队主管

本书就如何创建弹性组织，使其在多变、复杂、不明确的当今世界生存并发展提出了全面的实用建议。

——大卫·帕森斯，澳大利亚应急与灾难管理中心—昆士兰科技大学兼职副教授

本书能够引导读者在实际组织中深层次增强弹性。“社会资本”一章着实有用。我多么希望在坎特伯雷发生地震之前这本书就已经出版。

——罗杰·萨顿，坎特伯雷地震补救当局前首席执行官

艾瑞卡通过巧妙运用案例分析，赋予了在组织中切实可行地实施组织弹性的生机。

——皮特·布鲁吉，弹性专家咨询小组联合主席，BCI澳大拉西亚2020集团主席

我非常喜欢《弹性组织》一书。这本书内容实用，通俗易懂，还列举了很多与主题相关的真实故事，这些故事原汁原味、非常有趣。它让我认识到弹性组织的五大重要要素中有四个和人有关。领导力、员工积极性、3am朋友、学习与创新从根本上说属于人类行为。这一点令人耳目一新。过去，弹性往往属于工程师和会计领域的内容。虽然这些方面比较重要，但是这些人员的存在只是为了支持他们的工作、生活、娱乐。克赖斯特彻奇的经历告诉我们，人必须是一切弹性事物的核心。组织从根本上说也是关于人。《弹性组织》一书指出了这一点，它态度坚决，但又不失低调，令人信服。非常棒。

——迈克·门多萨，惠灵顿弹性总监

艾瑞卡·塞维利亚揭开了弹性的奥秘。她从自然灾难到市场扰动，诠释了组织应该如何学会处理混乱状况。

——黛比·凡·奥普斯塔尔，美国弹性项目常务理事

两年内经历了新西兰 12000 次地震，这一事实具有潜在优势。艾瑞卡将灾难故事、细致分析以及简单的实际步骤等内容整合在一本书中。本书说明了弹性怎样才能成为竞争优势，以及其中的原因，非常值得一读。

——纳撒尼尔·福布斯，新加坡

图字:01-2017-6601

图书在版编目（CIP）数据

弹性组织／（英）艾瑞卡·塞维利亚（Erica Seville）著；钱峰 译. —北京：东方出版社，2018.7

书名原文：RESILIENT ORGANIZATIONS：HOW TO SURVIVE，THRIVE AND CREATE OPPORTUNITIES THROUGH CRISIS AND CHANGE

ISBN 978-7-5060-7429-2

Ⅰ.①弹… Ⅱ.①艾… ②钱… Ⅲ.①组织管理—研究 Ⅳ.①C936

中国版本图书馆 CIP 数据核字（2017）第 246992 号

弹性组织

（TANXING ZUZHI）

作　　者：［英］艾瑞卡·塞维利亚
译　　者：钱　峰
责任编辑：申　浩
出　　版：东方出版社
发　　行：人民东方出版传媒有限公司
地　　址：北京市东城区东四十条 113 号
邮　　编：100007
印　　刷：北京京都六环印刷厂
版　　次：2018 年 7 月第 1 版
印　　次：2018 年 7 月第 1 次印刷
开　　本：880 毫米×1230 毫米　1/32
印　　张：6.875
字　　数：200 千字
书　　号：ISBN 978-7-5060-7429-2
定　　价：48.00 元
发行电话：（010）85924663　85924644　85924641

书　　号　ISBN 978-7-[illegible]-2
定　　价　[illegible]
发行电话　(010) [illegible]